KB200524

조용기 목사의

기도

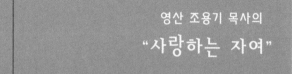

영산 조용기 목사의
"사랑하는 자여"

조용기 목사의
기도

(사)영산글로벌미션포럼 엮음

교회성장연구소

CONTENTS

◆◆◆◆◆

"
사랑하는 자여
네 영혼이 잘됨 같이
네가 범사에 잘되고
강건하기를
내가 간구하노라
"

예수께서 그들에게 항상 기도하고 낙심하지 말아야 할 것을
비유로 말씀하여 이르시되 어떤 도시에 하나님을 두려워하지 않고
사람을 무시하는 한 재판장이 있는데 그 도시에 한 과부가 있어
자주 그에게 가서 내 원수에 대한 나의 원한을 풀어 주소서 하되
그가 얼마 동안 듣지 아니하다가 후에 속으로 생각하되
내가 하나님을 두려워하지 않고 사람을 무시하나
이 과부가 나를 번거롭게 하니 내가 그 원한을 풀어 주리라
그렇지 않으면 늘 와서 나를 괴롭게 하리라 하였느니라
주께서 또 이르시되 불의한 재판장이 말한 것을 들으라
하물며 하나님께서 그 밤낮 부르짖는 택하신 자들의 원한을
풀어 주지 아니하시겠느냐 그들에게 오래 참으시겠느냐
내가 너희에게 이르노니 속히 그 원한을 풀어 주시리라
그러나 인자가 올 때에 세상에서 믿음을 보겠느냐 하시니라

누가복음 18:1-8

낙망치 않는 기도

1988년 4월 24일

낙망치 않는 기도

<1988년 4월 24일>

　오늘 저는 여러분과 함께 '낙망치 않는 기도'라는 제목으로 은혜를 나누고자 합니다. 우리는 조금 기도하고도 바로 응답이 없으면 쉽게 낙망하고 맙니다. 그러나 우리 앞서서 믿었던 믿음의 용사들은 그렇게 쉽게 낙망하지 않았습니다. 아브라함은 나이 75세에 하나님의 부르심을 받고 가나안으로 나아갈 때 하나님께서 그의 후사로 아들을 주시겠다고 언약하셨습니다. 그럼에도 불구하고 아브라함은 10년을 기도하고, 또 10년을 기도하고, 그러고도 5년을 더 기도했습니다. 25년 동안 쉬지 않고 낙심하지 않고 기도한 결과로 그의 나이 100세에 응답을 받았습니다. 믿음의 기도란 하나님의 약속 위에 굳게 서서 끈질기게 기도하는 것입니다. 믿음의 기도란 뒤로 물러갈 줄 모르고 낙심할 줄 모르는 기도요, 하나님의 뜻이 이루어지도록 불퇴전의 인내로 부르짖는 기도입니다.

저는 어느 자매의 간증을 읽은 후 깊은 감명을 받았습니다. 그 자매는 예수님을 믿고 구원받은 기쁨과 감격을 온 식구와 나눠야겠다는 생각으로 "하나님이여, 우리 아버지, 어머니, 형제자매를 다 구원하여 주시옵소서"라고 주님께 부르짖기 시작했습니다. 하지만 1년을 기도해도 응답이 없습니다. 2년, 3년…… 9년째 접어들자 낙심이 되었습니다. 9년을 하루같이 가족 구원을 위해서 부르짖어도 그들은 점점 더 완악해지고 주님께로 돌아오지 않으니 하나님이 자기의 기도를 들어주시지 않는다고 생각하고 말았습니다. 그런데 어느 날 성회에 참석했는데, 부흥강사가 설교 중에 이런 간증을 하더랍니다. "나는 우리 가족이 구원받기 위해서 23년을 줄기차게 기도한 결과 온 가족이 회개하고 주께로 돌아왔습니다." 이 말을 들은 자매는 고작 9년째 기도하고 낙심한 자신이 하도 연약하게 보여서 하나님께 크게 회개하고 결심하고는 계속 기도한 결과 10년 만에 그의 부모와 형제자매 한 사람도 남김없이 다 회개하고 예수께로 돌아왔다는 내용이었습니다. 그러므로 여러분, 우리가 기도할 때는 불퇴전의 각오로 기도해야만 하는 것입니다.

구약의 불퇴전의 기도

구약성경에서 본 불퇴전의 기도의 예를 살펴보겠습니다. 엘리야의 갈멜산 기도가 그 대표 중 하나입니다. 아합 왕의 아내인 이세벨은 두로와 시돈 왕의 딸로서 이스라엘의 아합 왕에게 시집올 때 바알의 목상을 가지고 왔습니다. 그리고 바알을 섬기는 선지자 450명도 데리고 와서 아합 왕에게 영향력을 미쳤습니다. 이스라엘의 여호와야훼 하나님을 섬기는 제단을 다 헐어버리고, 여호와야훼 하나님을 섬기는 제사장들을 다 잡아 죽이고는 이스라엘 전체를 바알과 아세라를 섬기는 우상의 나라로 변화하도록 만들었습니다. 그로 인해 하나님께서 진노하셨고 선지자 엘리야를 통해 이스라엘을 심판하셨습니다. 하나님께서는 이스라엘 백성에게 3년 6개월 동안 비를 안 내려 주셨습니다. 그러자 산천초목이 다 타고 우물물이 다 말라버렸습니다. 사람들은 기갈과 기근에 처해서 수없이 죽어갔습니다. 3년 6개월이 지나자 엘리야가 갈멜산에 아합 왕과 이스라엘에 와 있는 바알의 선지자 450명을 함께 불러 놓고 시합을 했습니다. "바알이 참 하나님인지, 여호와야훼가 참 하나님이신지 시합을 하자." 그리고 온 백성이 다 모인 가운데 단을 두 개 쌓았습니다. 하나는 여호와야훼를 위해서, 하나는 바알을 위해서 쌓고 장작을 얹고 제물을 갖다 놓고 각자 신에게 기도해서 불로써 응답하여 그 제물을 태우는 신을 참 신으로 증명하자고 했습니다. 엘리야는 바알의 선지자들에게 "너희는 나보다 수가 많으니 너희가 먼저 기도하라"고 했습니다.

"엘리야가 바알의 선지자들에게 이르되 너희는 많으니 먼저 송아지 한 마리를 택하여 잡고 너희 신의 이름을 부르라 그러나 불을 붙이지 말라"_열왕기상 18:25

바알의 선지자들은 제단에 장작불을 놓을 준비하고 제물을 얹은 후 그 주위를 뛰고 춤추며 몸에 상처를 입히고 피를 흘리며 부르짖었습니다. "바알이여, 바알이여, 불로써 응답하소서." 그러나 온종일 부르짖고 저녁이 되어도 응답하지 않습니다. 엘리야가 조롱했습니다. "너희 신이 잠들었나 보다. 더 고함을 쳐서 깨워라! 혹은 너희 신이 여행하고 있는가 보다. 빨리 불러들이라!" 그 조롱을 들은 바알의 선지자들은 계속해서 몸에 상처 입히고 피를 흘리면서 부르짖었습니다. 하지만 불은 임하지 않았습니다.

"이에 그들이 큰 소리로 부르고 그들의 규례를 따라 피가 흐르기까지 칼과 창으로 그들의 몸을 상하게 하더라 이같이 하여 정오가 지났고 그들이 미친 듯이 떠들어 저녁 소제 드릴 때까지 이르렀으나 아무 소리도

없고 응답하는 자나 돌아보는 자가 아무도 없더라" _열왕기상 18:28-29

저녁 제사 지낼 때쯤 되어 엘리야는 사람들에게 물을 길어 와서 제단에 붓고 그 주위에 도랑을 파고 거기에도 물을 채우게 했습니다. 또한 제물에도 물을 부어서 도저히 불이 붙지 못하게 만든 후 무릎을 꿇어 엎드렸습니다. "하나님이여, 내가 이렇게 하는 것은 여호와야훼 하나님의 뜻에 따라 하는 것이요, 이 백성을 돌이켜 하나님께로 돌아오게 하는 것인 줄 알게 하여 주옵소서. 여호와야훼여, 불로써 이제는 응답하소서." 엘리야가 이렇게 부르짖을 때 맑은 하늘에서 번개가 내리쳐서 제단을 때리니 제단에 모든 제물이 다 불타버리고 돌도 다 타고 그 주위의 도랑의 물조차 다 불이 혀로서 핥아 버리고 말았습니다. 그러자 온 백성이 엎드려서 "여호와야훼 그는 참 하나님이라"고 고함을 쳤습니다.

"모든 백성이 보고 엎드려 말하되 여호와야훼 그는 하나님이시로다 여호와야훼 그는 하나님이시로다 하니" _열왕기상 18:39

그 후에 엘리야는 450명의 바알의 선지자들을 다 잡아 기손 시냇가에 내려가서 그들 목을 쳐 죽이고 종과 함께 갈멜산에 올라가서 비를 달라고 기도하기 시작했습니다. "하나님이여, 이제 이 나라에 우상숭배자들을 다 멸하였으니 주여! 비를 주소서. 비를 주소서!" 그런데 그가 기도할 때 얼마나 간절히 기도했던지 그의 허리가 휘어져서 머리가 다리 사이로 들어갔습니다. 그리고는 종에게 "산꼭대기에 올라가서 무슨 증거가 있는지 보라"고 했습니다. 종이 산꼭대기에 올라가서 보니까, 푸른 하늘에 아무것도 안 보였습니다. "아무것도 안 보입니다." 그러자 엘리야는 계속 기도한 후 종에게 "다시 산꼭대기에 올라가서 보라"고 했습니다. 종이 또 뛰어 올라가 보니 푸른 하늘만 보였습니다. 종은 내려와서 "아무것도 안 보입니다"라고 했습니다. 엘리야는 다시 부르짖어 기도한 다음 세 번째 또 종에게 "올라가 보라"고 했습니다. 종이 올라가서 또 살펴보니 푸른 하늘 외에 아무것도 안 보입니다. 종은 내려와서 투덜거리며 말합니다. "세 번째 올라가도 아무것도 안 보입니다." 엘리야는 또다시 간절히 부르짖은 다음 네 번째 다시 올라가 보라고 합니다. 종이 올라가서 또 살펴보니 푸른 하늘에 아무것도 안 보였습니다. 종은 내려와서 아무것도 안 보인다고 말합니다. 엘리야는 또다시 엎드려서 간절히 기도하고 난 다음 다섯 번째 또 올라가서 보라고 합니다. 종이 올라가서 보니 푸른 하늘에 아무것도 안 보여, 내려와서 아무것도 안 보인다고 말합니다. 엘리야는 또 엎드려서 간절히 기도한 후 여섯 번째 다시 올라가 보라고 말합니다. 종은 고개를 설레설레 흔들며 속으로 이야기를 하니다. '우리 주인이 기도하다가 정신이 돌았나? 아무리 올라가도 아무것도 안 보이는데 왜 자꾸 올라가라고 하나?' 종이 올라가서 살펴봤지만 역시 아무것도 보이지 않습니다. "주인님, 제가 여섯 번이나 올라가 봤지만, 아무것도 보이지 않는데 왜 자꾸 기도하고, 올라가 보라고 하십니까?" 엘리야는 말없이 또다시 간절히 기도한 후 일곱 번째 올라가서 보라고 합니다. 종은 '올라가나 마나지 뭐. 저렇게 기도한다고 새파란 하늘에 무슨 증상이 생길까?'라고 투덜거리며 올라갑니다. 그런데 이번에는 저 바다 끝에 사람 손바닥만 한 구름 한 점이 떠 있는 것입니다. 엘리야가 "무엇을 봤느냐?"라고 묻습니다. 종은 "저 머나먼 바다에 사람 손바닥만 한 구름 한 점이 떠 있습니다." 엘리야는 "됐다! 하나님의 응답의 징조가 보인다. 빨리 임금에게 가서 말하기를 병거를 정비하고 올라타고 시내로 질주하라고 하라. 큰비의 소리가 들린다"라고 말했습니다. 그러자 그 손바닥만 한 작은 구름이 먹장구름으로 변해 온 하늘을 덮더니 하늘에서 뇌성벽력雷聲霹靂이 치고 비가 쏟아져 내려와 3년 6개월 동안 기갈에 처한 땅을 물로써 넉넉하게 적셔버렸습니다.

엘리야는 기도할 때 한두 번 기도하고 낙심하지 않았습니다. 증거가 나타날 때까지 불퇴전의 기도를 했습니다. 여러분과 저도 증거가 나타날 때까지 뒤로 물러가면 안 됩니다. 천 번이고 만 번이고 증거가 나타날 때까지 하나님께 엎드려 기도해야 합니다.

성경에 보면 다니엘의 21일간 기도가 있습니다. 바사 왕 고레스가 통치할 때 포로로 잡혀간 이스라엘 민족의 운명을 탄식하며, 다니엘은 민족의 장래를 알기 위하여 힛데겔 강가에서 하나님께 부르짖으며 간절히 기도했습니다. "하나님이여, 이 민족의 운명을 알려 주시옵소서." 그는 절식하며 부르짖어 기도했습니다.

"그 때에 나 다니엘이 세 이레 동안을 슬퍼하며 세 이레가 차기까지 좋은 떡을 먹지 아니하며 고기와 포도주를 입에 대지 아니하며 또 기름을 바르지 아니하니라"_다니엘 10:2-3

그런데 7일 동안 기도해도 아무런 응답이 없었습니다. 보통 사람 같았으면 포기하고 물러갔겠지만 다니엘은 끈질기게 14일을 기도했습니다. 동료들은 아무런 응답이 없자 낙심하여 뒤로 물러갔습니다. 하지만 다니엘은 계속 기도했습니다. 20일째가 되었는데도 아무런 응답이 없었습니다. 그런데 21일째 되자 갑자기 하늘에서 광채가 나더니 찬란한 천사가 말했습니다. "하나님의 극진한 사랑을 받는 다니엘아, 너의 기도가 첫날 하늘에 상달되었으나, 바사 왕을 지키는 악마의 군대가 나를 막아 21일 동안 대치하고 있었다. 그러나 군대장 미가엘이 와서 나를 도와주므로 마귀의 진을 헤치고 오늘 이 즐거운 소식을 가지고 내려왔다."

"다니엘아 두려워하지 말라 네가 깨달으려 하여 네 하나님 앞에 스스로 겸비하게 하기로 결심하던 첫날부터 네 말이 응답받았으므로 내가 네 말로 말미암아 왔느니라 그런데 바사 왕국의 군주가 이십일 일 동안 나를 막았으므로 내가 거기 바사 왕국의 왕들과 함께 머물러 있더니 가장 높은 군주 중 하나인 미가엘이 와서 나를 도와 주므로 이제 내가 마지막 날에 네 백성이 당할 일을 네게 깨닫게 하러 왔노라"_다니엘 10:12-14

만약 다니엘이 일주일 기도하다가 마쳤으면 그의 기도는 응답되지 않았을 것입니다. 여러분, 구약에서 하나님의 위대한 손길을 움직이게 했던 사람들은 끈질기게 기도하는 사람이었습니다.

신약에서의 불퇴전의 기도

신약에서 불퇴전의 기도를 한 사람을 살펴봅시다. 그는 헬라의 수로보니게 여인이었습니다. 예수님께서 쉬기 위해 두로와 시돈에 가셨습니다. 사람이 없는 곳에서 몰래 쉬려고 하셨는데, 예수님이 오셨다는 소문에 수많은 병든 자가 병 고침을 받기 위해서 왔습니다. 예수님이 제자들과 함께 길을 가시는데 한 여인이 와서 소리칩니다. "다윗의 자손 예수여, 나를 불쌍히 여기소서. 내 딸이 흉악한 병이 들었나이다. 내 딸이 귀신 들려 고통 중에 있으니 고쳐 주소서." 그러나 예수님께서는 아무런 대답도 하지 않으셨습니다. 아예 그 여인의 기도에 응답하려는 생각조차 없으신 듯 보였습니다. 그러자 그 여인이 뛰어와서 제자들을 붙잡습니다. "나를 불쌍히 여기소서. 내가 딸이 하나 있는데 귀신 들려서 인사불성이니 내 딸을 도와주소서." 제자들에게 얼마나 간청했던지 그들이 예수님께 와서 중보를 했습니다. "주님, 이 여자가 너무나 비참하게 울고 간청을 하니 좀 돌아봐 주시지요." 그러자 예수님께서는 "나는 이스라엘 집의 잃어버린 양 외에는 다른 데로 보내심을 받지 아니하였다. 아직 때가 오지 아니하였다"라며 단호하게 말씀하십니다.

"예수께서 대답하여 이르시되 나는 이스라엘 집의 잃어버린 양 외에는 다른 데로 보내심을 받지 아니하였노라 하시니"_마태복음 15:24

예수님께서 십자가에 못 박히신 이후로 이방인 시대가 왔지, 십자가에 못 박히시기 전에는 이스라엘 백성을 위해서 오신 것입니다. 때가 안 왔으므로 이방인을 도와줄 수 없다는 것입니다. 그래서 제자들이 그 여인에게 가서 "지금은 때가 아니라서 주님이 이방인은 도와줄 수가 없다"라고 전했습니다. 그러자 여자가 제자들을 헤치고 예수님께 나와서 길을 막고 절하고서는 "주여, 나를 도우소서"라고 간청했습니다. 그때 예수님께서 여자를 바라보시고 얼음장같이 찬 얼굴로 말씀하셨습니다. "자녀의 떡을 취하여 개들에게 던짐이 마땅치 아니하다. 이스라엘 백성은 하나님의 자녀요, 너희 이방인은 개다. 개에게는 안 준다." 보통 사람 같았으면 "뭐 어쩌고 어째요? 기도 안 해 주면 안 해 줬지, 뭐 개라고요?" 하며 소매를 걷고 한바탕했을 것입니다. 그러나 여인은 물러가지 않았습니다. "주여, 옳소이다. 그러나 개들도 주인의 상에서 떨어지는 부스러기는 먹습니다." 이 얼마나 놀랍고 끈질긴 기도입니까?

"대답하여 이르시되 자녀의 떡을 취하여 개들에게 던짐이 마땅하지 아니하니라 여자가 이르되 주여 옳소이다마는 개들도 제 주인의 상에서 떨어지는 부스러기를 먹나이다 하니"_마태복음 15:26-27

주님이 그 말을 듣자마자 크게 감동해서 "네 믿음이 크도다. 네 딸에게서 귀신이 나갔느니라"고 말씀하셨습니다. 여인이 집에 들어가 보니 딸에게서 귀신이 나가고 완전히 회복되어 있었습니다. 만일 이 여인이 쉽게 물러갔더라면 절대 하나님의 기적을 체험하지 못했을 것입니다. 사람들은 끈질기게 기도해 보지도 않고 응답이 없다고 불평합니다. 이것은 대단히 잘못된 것입니다.

끈질긴 기도를 하고 낙심하지 말라

예수님께서는 누가복음 18장을 통해 낙심하지 말고 끈질기게 기도하라고 말씀하십니다. 한 도시에 재판관이 있었는데 얼마나 냉정한 사람인지 하나님도 두려워하지 않고 사람들도 무시했습니다. 그런데 그 도시에 사람들에게 멸시와 천대를 받는 불쌍한 과부가 있었습니다. 이 과부가 억울한 일을 당했는데 도와줄 사람이 아무도 없습니다. 그래서 재판관에게 가서 말했습니다. "재판관이여, 나의 원수에 대한 원한을 갚아 주소서." 재판관이 비웃었습니다. "웃기는 소리 하지 마라. 나는 하나님을 두려워하지 않고 사람도 무시하는데, 너 같은 버림받은 과부의 간청을 들어주겠느냐?" 하지만 이 과부는 밤낮을 가리지 않고 이 집 문간에 삽니다. 아침에 출근할 때 "나의 원수에 대한 원한을 갚아 주소서." 퇴근할 때 "나의 원수에 대한 원한을 갚아 주소서." 뒤를 따라오면서 계속 부르짖습니다. 하루 이틀이 아닙니다. 봄이 가고 여름이 오고, 여름이 가고 가을이 오고, 가을이 가고 찬 바람이 부는 겨울이 오고 겨울이 가도 계속 부르짖습니다. 재판관은 신경쇠약증에 걸릴 지경입니다. 그래서 그 재판관이 말하기를 "내가 하나님을 두려워하지 아니하고 사람을 무시하지만, 이 여자가 밤낮으로 내게 와서 부르짖고 나를 번거롭게 하니 내가 견딜 수가 없다. 그러므로 이 여자의 원한을 풀어 주고 내가 단잠을 자야겠다." 불의한 재판관은 결국 여자의 원한을 풀어 주었습니다.

예수께서는 이 비유를 통해 "불의한 재판관의 말을 들어 보라. 하물며 밤낮으로 하나님께 나와서 부르짖는 택한 백성의 소원을 속히 들어주시지 않겠느냐. 하나님께서 곧장 응답해 주시리라. 그러나 내가 세상에 올 때 이와 같은 믿음을 보겠느냐?"라고 말씀하셨습니다.

주님이 오실 날이 가까울수록 사람들은 믿음이 약해져서 낙심하지 않고 부르짖는 기도를 하지 못합니다. 아브라함은 25년을 기도했고, 야곱은 20년을 기도했고, 요셉은 13년을 기도했고, 모세는 40년 동안 낙심하지 않고 부르짖어서 응답을 받았습니다. 그런데 우리는 일주일쯤 기도해 보고 "응답이 안 온다. 하나님이 어디 계시냐? 날 버리셨다. 나에게는 응답을 안 해 주신다." 이렇게 말하면 되겠습니까? 여러분, 우리는 예수께서 말씀하신 대로 불퇴전의 기도를 하겠다는 각오를 해야 합니다. 그러면 사람들이 와서 물을 것입니다. "왜 인내의 기도가 필요합니까? 왜 불퇴전의 기도가 필요합니까? 하나님이 우리를 사랑하신다면 우리가 부르짖을 때 즉시로 응답해 주시면 될 것인데 무엇 때문에 우리를 그렇게 애먹이고 끈질기게 부르짖도록 하십니까?"

왜 인내의 기도가 필요한가

인내의 기도가 필요한 이유는 모든 사람이 인본주의로 살기 때문입니다. 인본주의적 욕심이 깨지고 하나님 중심의 마음 바탕이 되어야 하나님이 응답해 주시는 것입니다. 사람들이 그릇을 예비해야 무엇인가를 담을 수 있지 않습니까? 그릇 속에 더러운 것이 꽉 들어차 있는데 거기에 밥을 받아먹으려고 하면 어떻게 줄 수 있습니까? 그릇을 깨끗이 소제하고, 정결하게 한 후 받아먹어야 하지 않겠습니까? 우리가 하나님께 응답받으려고 할 때 우리의 마음 바탕이 그릇인 것입니다. 그런데 우리의 마음 바탕이 육신의 정욕, 안목의 정욕, 세상 자랑으로 꽉 들어차 인본주의의 정욕으로만 쓰려고 구하는데, 하나님이 만일 응답해 주었다면 그 사람의 영혼도 잃어버리고, 그 주위도 다 망쳐 버리고 마는 것입니다.

성경에는 "너희가 얻지 못함은 구하지 아니하기 때문이요 구하여도 받지 못함은 정욕으로 쓰려고 잘못 구하기 때문이라"약 4:2-3고 말씀하고 있습니다. 그러므로 우리가 기도할 때 하나님이 기다리는 이유는 우리가 깨어져서 정욕을 다 회개하고 인본주의에서 신본주의로 돌아서기를 원하시기 때문입니다. 우리가 변화하는 데에는 시간이 걸립니다. 변화라는 것이 그렇게 신속히 이루어지지 않습니다. 하나님께 회개하고 깨어지고 변화하는 데 어떠한 사람은 한 달, 어떠한 사람은 일 년도 걸릴 것입니다. 변화된 바탕 위에 응답하시고자 하니까 시간이 걸리는 것입니다.

또한 기도 응답에 시간이 걸리는 것은 마귀의 저항을 물리치는데 인내의 시간이 필요하기 때문입니다. 기도는 씨름과도 같습니다. 백두장사, 한라장사 씨름하는 것을 보십시오. 딱 붙잡고 서서 하나, 둘, 셋하고 휙 넘어지는 사람 보았어요? 사력을 다해서 안 넘어지려고 몸부림을 치다가 결국 한 사람이 넘어지고 한 사람이 이기는 것입니다. 여러분, 우리도 씨름을 합니다. 우리의 씨름은 혈과 육에 대한 것이 아니라고 성경에 말씀하고 있습니다.

"우리의 씨름은 혈과 육을 상대하는 것이 아니요 통치자들과 권세들과 이 어둠의 세상 주관자들과 하늘에 있는 악의 영들을 상대함이라"_에베소서 6:12

우리의 씨름은 이기게 되어 있습니다. 이미 예수님이 십자가에서 마귀의 정사와 권세를 밝히 벗겨 버려 무장 해제해 버리셨습니다. 마귀는 이미 전복된 마귀지만 아직 쫓겨나지는 않았습니다. 안 쫓겨났기 때문에 결사적으로 우리의 기도를 막습니다. 우리가 응답받아서 하나님을 체험하고 그리스도의 복음이 전파되지 않게 하려고 결사적으로 막습니다. 그러므로 이미 이겨 놓은 전쟁이지만 씨름은 해야 합니다. 여러분, 씨름이라는 것은 적이 쉽게 넘어 가지 않습니다. 밀고, 밀리고, 밀고, 밀리고 계속 씨름하면서 마귀를 몰아쳐야 하는 것입니다.

저는 과거에 정신병자를 위한 기도를 많이 했습니다. 그때는 교회가 작고 시간이 많아서 한 사람 한 사람에게 관심을 기울여 기도해 줄 수 있었습니다. 저의 경험으로는 가장 쉽게 나간 마귀도 최소한 3시간은 계속 기도해야 했습니다. 보통 6시간, 10시간 어떤 것은 일주일을 계속해서 부르짖어 기도해야 쫓겨나갔습니다. 마귀는 어차피 쫓겨나게 되어 있지만, 그럼에도 불구하고 기도를 막습니다. 다니엘이 21일 동안 기도할 때 마귀는 다니엘의 기도가 응답받지 못하도록 막고 있었습니다. 그러므로 여러분, 최소한 어떤 한 가지 일을 기도하더라고 다니엘의 기도를 해야 합니다. 적어도 21일은 뒤로 물러가지 말고 계속 부르짖어 기도해서 마귀의 진을 깨뜨려야 하는 것입니다.

기도는 마귀와 씨름 하는 것이기 때문에 쉽게 포기하면 그 씨름에 지고 맙니다. 그러나 여러분과 저는 이미 이기게 되어 있습니다. 우리 속에 계신 하나님의 성령이 세상에 있는 어떤 마귀보다 크시므로 우리가 뒤로 물러가지 않고 계속 밀어붙이면 결국 승리는 우리의 것이 되는 것입니다.

"자녀들아 너희는 하나님께 속하였고 또 그들을 이기었나니 이는 너
희 안에 계신 이가 세상에 있는 자보다 크심이라"_요한1서 4:4

그다음, 우리에게 인내의 기도가 필요한 것은 시련을 통해 진실
한 믿음의 기도인지 알 수 있기 때문입니다.

"오직 믿음으로 구하고 조금도 의심하지 말라 의심하는 자는 마치 바
람에 밀려 요동하는 바다 물결 같으니"_야고보서 1:6

여러분, 우리에게 진실한 믿음이 없다면 조금만 세월이 흘러가
고 시간이 걸려도 마음에 의심이 구름같이 피어올라서 그 믿음이
박살 나고 마는 것입니다. 그러므로 진짜 믿음이냐, 가짜 믿음이
냐는 시간이 걸려봐야 압니다. 하나님은 내가 진짜 믿음으로 기도
하는지 가짜인지를 알아보기 위해서 시간이 걸리도록 하시는 것
입니다. 진실한 믿음은 눈에는 아무 증거 안 보이고 귀에는 아무
소리 안 들리고 손에는 잡히는 것이 없어도 뒤로 물러가지 않고
불퇴전의 기도를 하는 것입니다. 그러나 진실한 믿음이 아닌 사람
은 조금 기도하다가 환경이 어려워지고 응답이 오지 않으면 그만

원망하고 탄식해 버리고 뒤로 물러가 버리고 마는 것입니다. 그러므로 진실한 믿음인가 시험해 보기 위해서는 시간이 걸립니다.

사랑하는 성도 여러분, 여러분과 나는 굉장히 많은 문제를 가지고 있습니다. 가정의 문제, 개인의 문제, 생활의 문제, 사업의 문제, 나라의 문제를 가지고 있습니다. 우리의 기도는 하나님의 보좌를 움직입니다. 우리의 기도는 하나님의 팔을 움직이며 하나님은 우리 개인과 역사의 운명을 좌우하시는 것입니다. 그러므로 예수 믿는 사람이 가지고 있는 무기는 원자탄이나 수소탄보다 더 무섭습니다. 우리의 기도가 하나님의 손길을 움직이기 때문입니다. 하나님의 손이 움직이면 온 지구가 들썩거립니다. 그러므로 우리의 기도를 통해서 개인이나 가정, 직장, 학교, 사업, 사회, 국가, 세계의 운명이 변화되는 것입니다. 여러분과 내가 하나님께 기도할 때, 뒤로 물러가지 않는 불퇴전의 기도를 하게 되기를 주의 이름으로 축원합니다. 응답받는 기도는 확실한 믿음과 절대 낙망치 않는 마음의 자세와 끈질긴 인내로써 이루어지는 것입니다. 오늘날 우리 성도들이 이와 같은 마음의 자세로 기도한다면 수많은 문제가 해결되고 하나님의 거대한 영광이 나타나게 될 것입니다.

기도

   거룩하고 영광스러우신 우리 아버지 하나님, 우리는 하나님을 믿는다고 하면서 너무나 쉽게 낙심하고 뒤로 물러났습니다. 옛날 우리 믿음의 선조들이 10년이고, 20년이고, 30년이고, 40년이고 뒤로 물러가지 않고 끈질긴 인내로 기도한 것을 우리가 배우게 하여 주시옵소서.

   내 아버지 하나님이시여, 우리가 하나님의 뜻을 알면 그 뜻을 붙잡고 하나님 보좌 앞에 나아가 결코 '아니'라는 대답을 받지 말고 '예'라는 대답이 나올 때까지 부르짖게 하여 주옵소서. 그리고 우리가 변화하여 마귀의 진을 깨뜨리고, 진실한 믿음의 연단을 통해서 하늘나라가 우리에게 이루어지게 하여 주시옵소서. 예수님의 이름으로 간절히 기도합니다. 아멘.

1. 구약의 불퇴전의 기도

엘리야는 갈멜산에서 기도로 바알의 선지자들 앞에서 하나님이 살아 계심을 증명했습니다. 그 후 하나님께 비를 달라고 일곱 번 간절히 기도했습니다. 엘리야는 낙심하지 않고 끝까지 기도하여 결국 3년 6개월 만에 이스라엘에 큰비가 내리게 되었습니다. 나라의 운명을 걸고 간절히 기도한 다니엘은 21일 만에 비로소 하나님의 응답을 받게 되었습니다.

2. 신약에서의 불퇴전의 기도

이방인의 때가 아직 임하지 아니하였다는 예수님의 말씀에도 절대 물러서지 않은 수로보니게 여인의 강한 믿음과 끈질긴 간구는 예수님의 마음을 감동하게 했고, 그의 귀신 들린 딸은 치료받게 되었습니다.

3. 끈질긴 기도를 하고 낙심하지 말라

혼자 해결할 수 없는 억울한 일을 당한 불쌍한 과부는 불의한 재판관을 밤낮없이 찾아가 결국 도움을 받게 되었습니다. 우리도 낙심하지 않고 끝까지 끈질기게 기도해야 합니다.

4. 왜 인내의 기도가 필요한가

하나님께서는 우리에게 응답을 주시기 전에 우리의 마음 바탕을 먼저 깨끗하게 준비하길 원하십니다. 우리는 하나님께서 원하시는 모습으로 준비되어 마귀의 공격을 이겨낼 수 있을 때까지 인내하며 기도해야 합니다.

한나가 마음이 괴로워서 여호와야훼께 기도하고 통곡하며 서원하여
이르되 만군의 여호와야훼여 만일 주의 여종의 고통을 돌보시고
나를 기억하사 주의 여종을 잊지 아니하시고 주의 여종에게
아들을 주시면 내가 그의 평생에 그를 여호와야훼께 드리고
삭도를 그의 머리에 대지 아니하겠나이다
그가 여호와야훼 앞에 오래 기도하는 동안에
엘리가 그의 입을 주목한즉 한나가 속으로 말하매 입술만 움직이고
음성은 들리지 아니하므로 엘리는 그가 취한 줄로 생각한지라
엘리가 그에게 이르되 네가 언제까지 취하여 있겠느냐
포도주를 끊으라 하니 한나가 대답하여 이르되
내 주여 그렇지 아니하니이다 나는 마음이 슬픈 여자라 포도주나
독주를 마신 것이 아니요 여호와야훼 앞에 내 심정을 통한 것뿐이오니
당신의 여종을 악한 여자로 여기지 마옵소서
내가 지금까지 말한 것은 나의 원통함과 격분됨이 많기 때문이니이다
하는지라 엘리가 대답하여 이르되 평안히 가라 이스라엘의 하나님이
네가 기도하여 구한 것을 허락하시기를 원하노라 하니
이르되 당신의 여종이 당신께 은혜 입기를 원하나이다 하고
가서 먹고 얼굴에 다시는 근심 빛이 없더라

사무엘상 1:10-18

한나의 기도

1994년 1월 16일

한나의 기도

<1994년 1월 16일>

　오늘 저는 여러분과 함께 '한나의 기도'라는 제목으로 말씀을 나누고자 합니다. 기도를 크게 나누면 두 가지로 분류할 수 있습니다. 그 첫 번째가 일반적인 기도로 평범하게 하나님과 교통하며 하나님께 감사 찬양을 드리는 것입니다. 두 번째 기도는 삶의 큰 위기를 당하여 하나님께 응답을 받거나, 그렇지 않으면 삶의 파탄에 이르게 되는 절체절명의 기도입니다. 오늘 저는 이 두 번째 기도 즉, 삶의 위기를 당했을 때 하는 기도에 관하여 말씀을 나누고자 합니다. 한나의 기도를 통해서 절체절명의 위기에 처했을 때 어떻게 기도해야 하나님의 응답을 받을 수 있는지 알아보고자 하는 것입니다.

　이스라엘에 엘가나라는 사람에게는 한나와 브닌나라는 두 처가 있었습니다. 브닌나는 자녀가 많았지만, 첫째 부인인 한나는 자녀가 없었습니다. 그러다 보니 브닌나가 한나를 조롱했습니다. "자식도 못 낳는 처지에 무슨 큰 소리냐? 자식을 낳지도 못했으면 보따리 싸서 나가야지, 밥만 자꾸 축내고……" 상황이 이렇다 보니 한나가 매일 브닌나에 의해서 격동을 당하는 것이 말로 다 할 수가 없었습니다. 엘가나는 일 년에 한 번씩 실로에 있는 성전에 가서 하나님께 제사를 드리는데, 그때마다 한나를 사랑하기에 브닌나와 그 자식들에게 주는 음식의 갑절과 선물을 주었지만 한나는 그것으로도 위로받을 수가 없었습니다. 또한 엘가나가 그럴수록 브닌나는 더 무섭게 한나를 격동시켰습니다. 한나는 늘 울고 음식도 먹지 않았습니다. 이런 한나에게 엘가나는 "이 사람아! 왜 이렇게 울고 먹지도 않느냐? 아들 열 명보다 내 사랑이 더 좋지 않으냐? 자식이 무슨 소용이 있느냐?"라고 말하지만, 한나에게는 조금도 위로가 되지 않았습니다. 한나는 계속 격동을 당하여 나중에는 죽느냐 사느냐의 위기에 처하게 되었습니다. 삶의 막다른 골목에서 이제는 목숨을 걸고 성전에 나가서 하나님께 기도를 드렸습니다. 그럴 때 하나님이 응답해 주셔서 낳은 아들이 사무엘입니다.

여러분, 삶에 다가오는 연속적인 고통이 최후의 결단을 하게 합니다. '죽기 아니면 살기다'라는 마음의 결단이 하나님의 보좌를 움직입니다. 사람들은 '왜 내 환경에 이렇게 자꾸 가시처럼 찌르는 사람이 많은가?'라는 생각을 합니다. 남편이 가시가 될 때가 있고, 아내가 가시가 될 때가 있습니다. 자식이 또는 시부모가 가시가 될 때가 있습니다. 이와 같은 환경적인 격동이 하루 이틀로 끝나지 않고 오랫동안 지속되면, 마음이 지쳐서 견딜 수가 없게 됩니다. 마음이 번뇌하고, 고통스럽고, 억울하고, 원통하여 눈물이 앞을 가리게 되면 죽든 살든 결말을 내야겠다는 결정을 합니다. '더는 이와 같은 상황에서 살 수 없다. 이제 금식을 하든지, 철야를 하든지, 목이 터지라 고함을 치든지 결론을 내고야 말겠다'라는 비장한 각오와 결심을 하게끔 하나님께서 유도하시는 것입니다.

그러므로 우리 환경 가운데 여러 가지 고난의 가시가 찌르는 것은 우리가 마음에 결단을 내리게 하려고 하시는 것입니다. 하나님께서는 여러분이 절체절명의 순간에서 돌이킬 수 없는 결단을 내리고 기도하기를 원하십니다. 이러한 기도는 마귀의 장벽을 무너뜨리고 하나님의 보좌를 흔드는 위대한 힘이 있습니다. 그러한 결단 없이 '응답해 주셔도 좋고, 안 해 주셔도 좋습니다'와 같이 그저 형식적으로, 의식적으로 하는 기도는 안 하는 것보다는 낫지만, 하나님의 손길을 움직일 만큼 위대한 역사를 일으키지 못합니다. 그러므로 여러분이 작은 문제나 큰 문제나 마음에 깊은 결단을 내려야지 결단 없이는 하나님의 역사가 일어나지 못합니다.

열두 해 혈루증을 앓은 여인을 보십시오막 5:25-34. 그녀는 "내가 예수 그리스도의 옷자락에 손만 대면 나으리라"고 말하며 무시무시한 결단을 내렸습니다. 열두 해 동안 피를 흘려서 어지럽고, 지치고, 심장이 뛰고, 걸음을 잘 걸을 수 없음에도 사생결단하고 "예수님이 오시면 나는 그의 옷자락에 손을 대겠다. 이것은 나의 절체절명의 기회다. 놓치면 안 된다. 그리고 이로 말미암아 응답을 받아야겠다. 돌이킬 수 없다. 주님께 'Yes'라는 응답만 받지 'No'는 있을 수 없다." 그렇게 해서 예수님이 가까이 올 때 나갔습니다. 어지러움에도 불구하고, 햇빛이 비추어 눈을 뜰 수 없음에도 불구하고, 심장이 방망이질치고, 온 전신이 땀에 흠뻑 젖음에도 불구하고 그녀는 군중을 헤치고 나가서 사력을 다하여 타협 없이 그리스도의 옷자락에 손을 댔습니다. 그러자마자 하나님의 능력이 임하여 열두 해를 앓던 혈루증이 순식간에 나아버리고 만 것입니다.

"이는 내가 그의 옷에만 손을 대어도 구원을 받으리라 생각함일러라 이에 그의 혈루 근원이 곧 마르매 병이 나은 줄을 몸에 깨달으니라"_마가복음 5:28-29

그때 예수님이 둘러보시며 "누가 내 옷자락에 손을 대었다"라고 말씀하십니다. 제자들이 "주여, 많은 사람이 주를 밀고, 당기고, 손을 대었는데 어떻게 특정한 사람을 찾으십니까?"리고 물었지만, 예수님께서는 그 물음에는 아랑곳없이 손댄 사람을 찾으셨습니다.

"예수께서 그 능력이 자기에게서 나간 줄을 곧 스스로 아시고 무리 가운데서 돌이켜 말씀하시되 누가 내 옷에 손을 대었느냐 하시니 제자들이 여짜오되 무리가 에워싸 미는 것을 보시며 누가 내게 손을 대었느냐 물으시나이까 하되"_마가복음 5:30-31

수많은 사람이 주여, 주여, 부르짖으며 주님의 옷자락에 손을 댔지만 아무 일도 일어나지 않습니다. 그러나 절체절명의 결단을 가지고 '이것 아니면 나의 생명은 이제 종결이다'라는 각오로 주님께 나와서 손을 댔을 때 그 기도에 하나님의 능력이 나타난 것입니다.

막힌 담을 허무는 기도

여러분, 한나를 통해서 중요한 기도 비결을 배워야 합니다. 이와 같은 절체절명의 기도를 하려면 마음의 준비가 필요합니다. 하나님과 막힌 담을 헐어야 합니다. 우리가 이 세상에 사는 동안 먼지가 묻고, 죄악과 타협하고, 세상에 찌들 때가 많습니다. 그러나 우리 앞에 놓인 문제 가운데 주님께 관심을 끌고, 주님의 손길을 잡으려면 먼저 우리 자신이 정결해야 합니다. 우리는 집에 귀한 손님이 오면 집 안 청소를 합니다. 이처럼 우리를 먼저 정결하게 해야 하나님께 나아가서 간절한 기도를 드릴 수가 있는 것입니다. 하나님께 나아가기 전에 하나님의 계명 앞에서 우리를 비춰보고 그 계명을 어긴 죄가 있으면 예수 그리스도의 보혈로 모두 제거해야 합니다. 성경에 믿는 자들에게는 표적이 따른다고 말씀하십니다.

"믿는 자들에게는 이런 표적이 따르리니 곧 그들이 내 이름으로 귀신을 쫓아내며 새 방언을 말하며 뱀을 집어올리며 무슨 독을 마실지라도 해를 받지 아니하며 병든 사람에게 손을 얹은즉 나으리라 하시더라"_마가복음 16:17-18

우리 가슴속에 숨어있는 뱀들, 우리가 모르는 사이에 원수 마귀가 들어와서 우리에게 똬리를 치고 있는 그 뱀들을 다 잡아내고 주님 앞에 나아가야 합니다. 회개와 자복을 통해서 감춘 죄악을 우리가 다 옮겨야 하는 것입니다. 그러기 위해서는 하나님의 계명을 늘 우리 마음속에 비춰봐야 합니다.

"너는 나 외에는 다른 신들을 네게 두지 말라"출 20:3 하나님은 절대로 다른 신을 섬기는 사람의 기도는 응답하지 않으십니다. "너를 위하여 새긴 우상을 만들지 말고 또 위로 하늘에 있는 것이나 아래로 땅에 있는 것이나 땅 아래 물속에 있는 것의 어떤 형상도 만들지 말며 그것들에게 절하지 말며 그것들을 섬기지 말라"출 20:4-5 하나님은 우상과 전쟁을 하십니다. 우상숭배 하는 자는 멸하셨습니다. 절대로 우상을 가까이하지 말아야 합니다. "너는 네 하나님 여호와야훼의 이름을 망령되게 부르지 말라"출 20:7 하나님의 이름을 망령되이 부르면 하나님을 무시하는 것입니다. 그러면서 어떻게 하나님께 나아갑니까? 하나님의 이름을 경건하게 부르고, 존귀하게 여겨야 합니다. 그리고 "안식일을 기억하여 거룩하게 지키라"출 20:8 하나님의 성일을 맘대로 쓰고 하나님을 공경하지 않으면서 하나님을 사랑한다고 할 수 없습니다. 주일은 하나님이 우리와 만나는 날입니다. 그러므로 하나님이 성전에서 기다리는 그날에 하나님께 나가서 하나님을 공경해야 합니다.

"네 부모를 공경하라"출 20:12 우리는 부모님과 의견이 다를 수가 있습니다. 부모와 우리 사이에 뜻이 완전히 맞을 수는 없는 것입니다. 그러나 뜻이 맞든 안 맞든 공경하는 것은 우리가 마땅히 해야 할 일입니다. 요사이에 부모에게 생활비를 주지 않아서 할 수 없이 부모가 생활비를 주도록 법정에 고소하는 사건을 보았습니다. 이건 정말 가슴 아픈 일입니다. 자녀가 정 생활 능력이 없으면 모르겠는데, 생활 능력이 있으면서 부모를 공경하지 않아서 법에 의존해서 강제로 부모를 공양하도록 한다는 것은 비극적인 일입니다. 이와 같은 상황 속에서 주님께 기도해 봐야 응답이 오지 않을 것입니다. "살인하지 말라"출 20:13 사람을 죽이고 기도 응답을 받을 수 있겠습니까? 죽일 마음을 가져도 응답을 받지 못합니다. "간음하지 말라"출 20:14 하나님의 성전인 몸을 더럽혔는데, 하나님께서 그 속에 성령을 주시고 성령으로 역사할 리가 없는 것입니다. "도둑질하지 말라"출 20:15 우리가 하나님의 성물도 도둑질하고, 우리 이웃 것을 도둑질하고 산다면 도둑놈하고 하나님이 같이 의논할 리가 만무한 것입니다. "네 이웃에 대하여 거짓 증거하지 말라"출 20:16 하나님의 형상과 모양대로 지음 받은 형제를 자꾸 할퀴고, 모함하면서 하나님을 경외할 수가 없습니다. 자식들이 서로 싸우면 부모가 보기에 좋을 리가 없는 것입니다. "네 이웃의 집을 탐내지 말라"출 20:17 이웃의 것을 늘 탐해서 시기하고, 빼앗고 싶어 하고, 잘못되기를 간절히 바라는 마음은 하나님께서 미워하십니다. 이웃을 축복해 주고, 잘되면 함께 기뻐하는 그러한 심정을 우리가 가져야 합니다.

그러므로 우리의 마음을 먼저 살펴보고 마음에 거리끼는 것이 있으면 모두 청소해야 합니다. 우리의 삶이 하나님 중심으로 돌아와야 하는 것입니다. 나 중심이 아닌 하나님 중심으로 돌아오는 마음의 준비가 필요합니다. 그렇지 않고서야 하나님께서 어떻게 우리의 기도를 받겠습니까? 우리 손이 깨끗하고 정결해야 그 손으로 드리는 기도와 제물을 기꺼이 열납하지 않으시겠습니까?

이사야 59장 1절에서 "여호와야훼의 손이 짧아 구원하지 못하심도 아니요 귀가 둔하여 듣지 못하심도 아니라"고 말씀하셨습니다. 하나님께서는 "내 눈이 멀어 보지 못함이 아니요. 귀가 둔하여 너희 기도를 듣지 못함이 아니며, 내 손이 짧아 너희를 도와주지 못하는 것이 아니라 너와 나 사이에 죄악의 담이 가려 있으므로 내가 너의 기도를 들을 수 없다"라고 말씀하시는 것입니다. 그러므로 우리가 하나님 앞에 나가기 전에 철저히 회개하고 죄악의 담을 헐어야 합니다. "회개하라 천국이 가까이 왔느니라 하였으니"마 3:2 라고 말씀하셨습니다. 하늘나라와 회개는 분리할 수가 없습니다. 회개가 언제나 선행된 후 하나님 앞에 나가야 합니다.

서원하는 기도

그리고 하나님께 기도할 때 반드시 응답을 받으려고 한다면 하나님께 서원해야 합니다. 서원기도란 결정적인 기도가 됩니다. 보통 기도는 그저 막연하게 하는 것이지만 서원의 기도는 무서운 힘이 있습니다. 한나는 아들을 달라고 기도할 때 하나님께 말했습니다. "만군의 여호와_{야훼}여 만일 주의 여종의 고통을 돌보시고 나를 기억하사 주의 여종을 잊지 아니하시고 주의 여종에게 아들을 주시면 내가 그의 평생에 그를 여호와_{야훼}께 드리고 삭도를 그의 머리에 대지 아니하겠나이다"_{삼상 1:11}라고 서원했습니다. 그리고 한나는 아들 사무엘을 낳은 후 젖을 뗄 때까지만 품에 품고 있다가 젖을 뗀 후 성전에 데리고 가서 엘리 제사장을 섬기며 성전지기로 바쳤습니다. 서원의 기도는 굉장한 힘이 있습니다.

여러분, 야곱이 형 에서를 두려워해서 외삼촌 집으로 도망을 칠 때, 그가 하룻밤 돌 베개를 베고 잠을 잤는데 꿈에 하늘 문이 열리고 그 위에 여호와_{야훼} 하나님이 앉아 계시고 그 보좌에서 천사들이 오르락내리락하는 것을 보고 아침에 깨어나서 "두렵도다 이 곳이여 이것은 다름 아닌 하나님의 집이요 이는 하늘의 문이로다"_{창 28:17}라고 말하며 그 베개로 삼았던 돌을 가져다가 기둥을 세워 기름을 붓고 거기에서 서원했습니다.

"야곱이 서원하여 이르되 하나님이 나와 함께 계셔서 내가 가는 이 길에서 나를 지키시고 먹을 떡과 입을 옷을 주시어 내가 평안히 아버지

집으로 돌아가게 하시오면 여호와야훼께서 나의 하나님이 되실 것이요 내가 기둥으로 세운 이 돌이 하나님의 집이 될 것이요 하나님께서 내게 주신 모든 것에서 십분의 일을 내가 반드시 하나님께 드리겠나이다 하였더라"_창세기 28:20-22

그 서원의 기도를 하나님이 들어주셨습니다. 그러므로 야곱은 20년 만에 한 떼, 두 떼의 큰 짐승의 떼를 거느리고 고향 땅에 들어올 때 하나님의 성전 입구인 벧엘에서 하나님께 제단을 쌓았고 그는 평생에 하나님 앞에 서원한 대로 십일조를 드려서 그와 그 후손이 하나님께 크게 복을 받은 것입니다.

여러분, 우리가 성경을 보면 입다의 서원을 볼 수 있습니다. 이스라엘이 암몬 자손의 침략을 받아서 나라가 위기에 처했을 때, 장로들이 입다에게 와서 "나와서 우리 민족을 대표해서 암몬 자손과 싸워달라"고 간청을 했습니다. 이때 입다는 암몬 자손과 싸우러 나가기 전에 하나님께 서원했습니다. "그가 여호와야훼께 서원하여 이르되 주께서 과연 암몬 자손을 내 손에 넘겨주시면 내가 암몬 자손에게서 평안히 돌아올 때에 누구든지 내 집 문에서 나와서 나를 영접하는 그는 여호와야훼께 돌릴 것이니 내가 그를 번제물로 드리겠나이다 하니라"삿 11:30-31 얼마나 마음이 다급했던지 하나님의 도움을 반드시 받아야겠다는 심정으로 아주 강한 서원을 했습니다.

하나님께서 그를 도와주셔서 그는 암몬 자손을 항복시켰습니다. 큰 전쟁에서 이겼습니다. 그리고 집으로 돌아왔습니다. 그런데 그의 무남독녀 외딸이 아버지가 이기고 돌아온다는 소식을 듣고 채색옷을 입고 손에 북을 들고 춤을 추면서 제일 먼저 대문간에서 뛰어나왔습니다. 그 모습을 본 아버지 입다는 그 자리에 주저앉아 옷을 찢고 통곡하며 딸을 향해 이야기했습니다. "야, 이놈아! 개가 먼저 나올 수가 있고, 닭도 먼저 나올 수가 있고, 종이 먼저 나올 수도 있는데, 왜 네가 먼저 북을 치고 나오느냐?" 그러자 딸은 "아버지, 왜요?"라고 묻습니다. "내가 암몬 자손과 싸우러 나갈 때 하나님께 서원하기를 이겨서 돌아오면 누구든지 우리 집 대문에서 제일 먼저 나와서 나를 환영하는 자를 죽여 번제로 드리겠다고 했다." 이 말을 들은 딸은 "아버지가 서원했으면 서원대로 해야 할 것입니다. 그러나 나에게 두 달만 말미를 주시면 내가 시집도 못 가고 죽는 것이 억울해서 여자 친구들과 산 위에 가서 실컷 울고 돌아오겠습니다"라고 말했고, 그 후 두 달 만에 울고 돌아오는 딸을 아버지는 잡아서 하나님께 번제로 드렸습니다.

서약이란 이렇게 무섭습니다. 서원하고 갚지 않으면 파멸합니다. 하나님이 그런 사람을 그냥 두지 않습니다. 우리가 하나님께 기도 응답받으려고 할 때 절체절명의 시간에 서원하는 것은 하나님을 묶어 놓는 것입니다. 여러분, 서원한 것은 반드시 지켜야 합니다. 오늘날 많은 사람이 "내 병을 고쳐 주시면 집을 바치겠습니다"라고 서원한 후, 병 고침 받고 난 다음에는 집이 아니라 옷도 한 벌 안 바치는 사람이 있어요. 그러면 버림받습니다. 서원한 것은 자기에게 어떠한 손해가 오더라도 갚아야 합니다. 이 서원은 하나님의 손을 움직이는 큰 힘이 있습니다. 그러므로 신중하게 작정한 서원기도는 어마어마한 힘을 발휘하는 것입니다. 간절한 기도를 할 때 크고 작은 서원을 하십시오. 서원 예물을 드리고 하나님께 부르짖으며 기도하는 것은 일반 기도보다 큰 힘이 있습니다.

결사적인 기도

우리는 기도할 때 결사적인 기도를 해야 합니다. 한나는 성전에 와서 눈물을 흘리고, 통곡하고, 애곡하며 기도했습니다. 고함을 치고, 땅을 치고, 몸부림치며 기도했습니다. 하나님은 "너희는 내게 속삭이라"고 말씀하지 않으시고, "너는 내게 부르짖으라"렘 33:3고 말씀하셨습니다. 한나는 그렇게 기도하다가 나중에는 지쳐서 말도 안 나왔습니다. 눈을 감고 입술만 달싹달싹하며 기도했습니다. 얼마나 고함을 치며 기도했던지 진액이 모두 빠져서 이제는 입술만 달싹달싹한 것입니다. 그때 그 모습을 본 엘리 제사장은 한나가 술에 취한 줄 알고 이야기합니다. "이 사람아, 포도주를 끊어라. 언제까지 포도주나 독주를 마시고 하나님의 성전에 나와서 입술만 달싹달싹하겠느냐?" 그때 한나가 말합니다. "아닙니다. 제사장님, 나는 마음이 슬픈 여자요, 마음이 고통스러운 여자입니다. 너무 억울하고 원통하여 주께 부르짖다가 지쳐서 말할 기운조차 없어서 입술만 달싹거리고 기도한 것입니다." 그 말을 들은 엘리 제사장이 "평안히 가라. 네 기도가 하나님께 응답받았다"라고 했고, 한나는 "하나님께 은혜받기를 원합니다"라고 말하며 일어나 나가서 얼굴을 씻고 다시는 걱정하지 않았습니다. 응답받았다는 확신이 있었기 때문입니다. 기도가 환경에서 증거가 나오든, 마음에서 증거가 나오든, 증거가 나올 때까지 몸부림쳐 부르짖어야 합니다. 한나의 기도는 엘리 제사장을 통해서 하나님의 응답이 왔습니다. "평안히 가라 이스라엘의 하나님이 네가 기도하여 구한 것을 허락하시기를 원하노라"삼상 1:17 이것은 하나님이 주신 표적이기에 한나는 안심하고 일어나 돌아갈 수가 있었던 것입니다.

여러분, 갈멜산에서의 엘리야의 기도를 보십시오. 하나님께서 엘리야에게 3년 6개월 동안에 비가 오지 않은 이스라엘에 비를 주겠다고 약속하셨습니다. 그래서 그는 아합 왕을 청하고 이세벨의 단에서 섬기는 바알 신지자 450명, 아세라 선지자 400명과 갈멜산에서 시합하고 난 다음 하나님의 제단에 불이 임하여 큰 권능을 나타내고는 바알의 선지자들을 다 잡아서 기손 시냇가에 내려가서 전부 목을 베어 죽였습니다. 이것이 회개입니다. 그리고 종과 함께 갈멜산에 올라가 큰비를 내려 주시길 기도하는 그의 모습을 보십시오. 얼마나 간절히 기도했는지 배창자가 땅겨서 허리가 굽어져 얼굴이 다리 사이로 들어가 버렸습니다. 그냥 앉아서 기도해도 되지만, 정말 얼마나 간절히 기도했는지 창자가 오그라져 머리가 다리 사이로 들어가게 된 것입니다. 창자가 오그라들 정도로 하나님께 간절히 부르짖어 기도한 것입니다. 성경에는 엘리야의 머리가 다리 사이에 들어갔다고 했습니다.

"엘리야가 갈멜산 꼭대기로 올라가서 땅에 꿇어 엎드려 그의 얼굴을 무릎 사이에 넣고"_열왕기상 18:42

그러면서 그의 종에게 "산 위에 올라가서 증거가 있는지 보라"고 했습니다. 처음 올라갔다 내려온 종은 아무 증거도 안 보인다고 했습니다. 엘리야는 두 번째, 세 번째, 네 번째, 다섯 번째, 여섯 번째, 일곱 번째, 증거가 나타날 때까지 기도했습니다. 일곱 번째에 와서 종은 "저 동쪽 하늘에 손바닥만 한 구름 한 점이 일어났나이다"라고 했습니다. 그때서야 엘리야는 "됐다. 큰비의 소리가 들린다"라고 하고는 왕에게로 가서 마차를 타고 내려가라고 말했습니다. 엘리야는 왕의 마차 앞에 서서 성령의 회오리바람에 밀려 맨발로 뛰어서 시내까지 들어갔습니다. 그러자 하늘이 먹장구름으로 덮이고 큰비가 3년 6개월 만에 처음 쏟아진 것입니다.

여러분, 한나도 그렇고 엘리야도 그렇고 증거가 나타날 때까지 부르짖어 기도했습니다. 오늘날 우리는 증거도 안 받고 그냥 자기 혼자 기도하고 난 다음 'Good-Bye' 하고서 나옵니다. 그러면 아무것도 안 됩니다. 하나님의 증거가 내 가슴속에 임하든, 내 환경에 임하든 증거가 나타날 때까지 기도해야 하는 것입니다. 증거는 반드시 나타납니다.

제 개인 경험에 따르면 하나님께 간절히 기도할 때 나타나는 대부분 증거는 마음속에 한없는 평화가 있는 것입니다. 그 고통스럽고, 괴롭고, 번뇌로 꽉 들어찬 무거운 짐이 사라져 버리고 마음속에서 하나님의 평화가 강물같이 흐르기 시작하는 것입니다. 그리고 마음속에서 말씀이 들려옵니다. "응답받았다. 응답받았다. 하나님이 다 책임졌다. 이제 걱정하지 말아라." 마음속에서 이런 증거가 올 때까지 저는 부르짖습니다. 그 증거가 안 오고 마음속에 번뇌와 고통이 누르고 있을 때는 아직 기도의 짐을 하나님께 풀어놓지 못한 것입니다. 아직 하나님께 상달되지 않은 것입니다. 그러므로 마음속에서 그런 증거가 오든지 그렇지 않으면 내가 부르짖는 응답의 표적이 환경에서 나타나든지 증거가 올 때까지 부르짖는 여러분 되기를 주의 이름으로 축원합니다. 그럴 때 하나님의 역사가 일어나는 것입니다. 여러분, 기도라는 것은 이러한 간절함이 있어야 합니다. 우리 주 예수 그리스도의 기도도 고요한 기도는 성경에 기록되어 있지 않습니다. 큰 통곡과 눈물의 기도가 기록되어 있습니다.

"그는 육체에 계실 때에 자기를 죽음에서 능히 구원하실 이에게 심한 통곡과 눈물로 간구와 소원을 올렸고 그의 경건하심으로 말미암아 들으심을 얻었느니라"_히브리서 5:7

그러므로 주님도 통곡하고 눈물을 흘리며 기도하는데 우리가 누구이기에 맹숭맹숭, 눈을 깜박깜박하면서 눈물 한 방울 안 흘리고 기도한다는 말입니까? 그렇게 하면서 하나님께 응답하시라고 하는 것입니까? 우리가 하나님 앞에 기도 응답을 받으려면 막

다른 골목에 들어간 심정으로 기도해야 합니다. 이 기도를 응답받지 않으면 내가 파멸한다는 것을 인식하고 절체절명의 위기에 처한 것처럼 기도해야 합니다. 그러면 오늘날도 하나님은 보좌에서 일어나서 역사하는 것입니다.

여러분, 절체절명의 기도는 역사와 운명과 환경을 변화시키는 위력을 가지고 있습니다. 스코틀랜드의 존 낙스John Knox는 그가 하나님께 기도할 때 "스코틀랜드 민족을 내게 주옵소서. 아니면 내게 죽음을 주옵소서"라고 했습니다. 그는 절체절명의 기도를 한 것입니다. 그 결과 성령의 역사가 일어나서 스코틀랜드가 변하여 완전히 예수 그리스도를 믿게 된 것입니다. 그러므로 우리는 자신의 목숨을 거두시던지, 그렇지 않으면 기도 응답을 해 주시든지 둘 중 하나를 해 주시길 기도해야 합니다. '죽기 아니면 살기' 이러한 기도를 할 줄 알아야 하는 것입니다. 한나는 이러한 기도를 드렸습니다. 위대한 하나님의 종들은 다 이와 같은 기도를 드린 것입니다. 그렇게 할 때 하나님은 응답하십니다. 그런 간절한 심정과 죄를 다 청산한 기도와 하나님 앞에 서원하는 예물을 작정하고 하는 기도, 그러한 기도는 하나님의 보좌를 오늘날도 움직이고 여러분의 개인과 가정, 나라와 민족의 운명을 하나님께서 변화시키는 기적을 베풀어 주시는 것입니다.

기도

  전능하고 거룩하신 하나님 아버지, 오늘날 우리는 너무 평안하고 안일한 태도로 기도를 합니다. 물론, 하나님과 매일매일 교제하고 교통하는 것은 좋은 일입니다. 하지만, 우리가 큰 사업을 일으키고 하나님의 손을 움직이며 기적을 가져오는 기도는 오늘 한나가 했던 기도이며, 엘리야가 했던 기도입니다. 그 모범을 따라 기도하는 우리가 되게 도와주시옵소서.

  사랑이 많으신 하나님 아버지, 우리의 생활에 여러 가지 가시가 찌르고 고통이 다가오는 것은 우리를 격동해서 평범한 기도가 아닌 막다른 골목에서 죽기 아니면 살기의 각오로 기도하도록 유도하시는 것이라는 사실을 알게 도와주시옵소서. 그러므로 아버지 하나님, 이러한 일이 생길 때는 일사각오의 기도로 주님께 나아가

운명과 환경을 변화시키는 하나님의 역사를 체험하게 도와주옵소서. 우리 주 예수님 이름으로 기도합니다. 아멘

요약

1. 막힌 담을 허무는 기도

문제 앞에서 먼저 우리의 심신이 정결해야 하나님께 나아가서 간절한 기도를 드릴 수 있습니다. 우리는 하나님께 나아가기 전에 하나님의 계명 앞에 자신을 비춰보고 하나님의 계명을 어긴 죄가 있으면 예수 그리스도의 보혈로 모두 제거해야 합니다.

2. 서원하는 기도

절체절명의 위기에서 서원하는 기도는 하나님의 손을 움직이는 큰 힘이 있습니다. 서원기도는 신중하게 작정해야 하며 하나님과의 약속은 반드시 지켜야 합니다. 한나는 하나님께서 아들을 주시면 그 아들을 하나님께 바치겠다고 서원하여 기도 응답을 받았으며, 서원한 것을 지켰습니다.

3. 결사적인 기도

한나는 성전에서 애곡하고 몸부림치며 기도했습니다. 엘리야는 갈멜산에서 머리가 다리 사이에 들어갈 정도로 간절히 부르짖어 기도했습니다. 예수님도 이 땅에서 통곡과 눈물로 기도했습니다. 하나님께서 기도 응답의 증거를 주실 때까지 우리는 결사적으로 기도해야 합니다.

예수께서 그들에게 항상 기도하고 낙심하지 말아야 할 것을
비유로 말씀하여 이르시되 어떤 도시에 하나님을 두려워하지 않고
사람을 무시하는 한 재판장이 있는데 그 도시에 한 과부가 있어
자주 그에게 가서 내 원수에 대한 나의 원한을 풀어 주소서 하되
그가 얼마 동안 듣지 아니하다가 후에 속으로 생각하되
내가 하나님을 두려워하지 않고 사람을 무시하나
이 과부가 나를 번거롭게 하니 내가 그 원한을 풀어 주리라
그렇지 않으면 늘 와서 나를 괴롭게 하리라 하였느니라
주께서 또 이르시되 불의한 재판장이 말한 것을 들으라
하물며 하나님께서 그 밤낮 부르짖는 택하신 자들의 원한을
풀어 주지 아니하시겠느냐 그들에게 오래 참으시겠느냐
내가 너희에게 이르노니 속히 그 원한을 풀어 주시리라
그러나 인자가 올 때에 세상에서 믿음을 보겠느냐 하시니라

누가복음 18:1-8

밤낮 부르짖는 기도

밤낮 부르짖는 기도

<1995년 5월 21일>

    오늘 저는 여러분과 함께 '밤낮 부르짖는 기도'라는 제목으로 말씀을 나누고자 합니다. 여러분, 우리가 하나님께 감사드리고 찬양하는 기도 외에 무언가를 구하려고 할 때는 전투적인 자세로 적극적이고 끈질기게 기도하라고 말씀하십니다. 그 예로서 한 도시에 과부가 있었는데 불의를 당하고 억울한 일이 있어 그 도시의 재판관에게 가서 자신의 억울한 사정을 해결해 달라고 호소했습니다. 그러나 그 재판관은 무신론자였습니다. 하나님도 두려워하지 아니하고 사람도 무시하는 사람이기에 불쌍한 과부의 간청을 전혀 돌아보지도 않았습니다. 그러나 이 과부가 끈질기게 찾아와서 불의한 재판관을 번거롭게 한지라, 나중에는 견딜 수가 없어서 "이 과부가 자주 와서 나를 괴롭힘으로 내가 견딜 수가 없다. 빨리 문제를 해결해 줘야겠다"라고 말하며 과부의 문제를 해결해 주었습니다.

여러분, 왜 하나님께 나아오는데 하나님이 이 불의한 재판관처럼 보일까요? 그것은 진실로 우리 아버지가 그렇다는 것이 아니라 우리가 기도할 때 그런 심정을 체험하게 된다는 것입니다. 부르짖어도 하나님이 대답 없는 것 같이 느껴지는 이유는 우리의 기도가 하나님 보좌로 올라가는 것을 공중 권세 잡은 마귀가 이 불의한 재판관처럼 막고 있기 때문입니다. 기도의 통로를 막고 있는 원수 마귀와 대결해 싸우기 위해서는 전투적인 태세를 갖춰야 하며, 이 과부처럼 적극적이고 끈질기게 기도를 해야 하는 것입니다.

또한 "하물며 하나님께서 그 밤낮 부르짖는 택하신 자들의 원한을 풀어 주지 아니하시겠느냐 그들에게 오래 참으시겠느냐"눅 18:7라고 말씀하십니다. 이는 기도할 때 원한을 가진 것처럼 뜨거운 소원을 품고 밤이나 낮이나 계속해서 부르짖으라는 말씀입니다.

우리가 하나님께 감사와 찬양을 드릴 때는 그렇게 할 필요가 없지만, 무엇을 구하려고 할 때는 원수 마귀가 적극적으로 훼방하고 우리의 기도를 결사적으로 막습니다. 그렇기 때문에 불의한 재판관에게 나와서 밤낮으로 부르짖는 과부와 같은 결심으로, 마음에 뜨거운 원한과 소원을 품고 주야로 하나님께 부르짖으며 불퇴전의 기도를 할 때, 마귀의 진이 무너지고 우리가 하나님 앞에 나올 수가 있는 것입니다. 거기에 대한 좋은 예가 성경에 많이 있습니다.

여호수아의 기도

여호수아와 이스라엘 백성이 애굽에서 나와 가나안 땅에 들어갈 때 여리고 평지에서 7일 동안 여리고성을 돌았던 것이 기록되어 있습니다수 6:3-16. 여호수아가 그 백성과 더불어 여리고성을 첫째 날부터 엿새 동안은 하루에 한 바퀴씩 돌고, 이레째 되는 날 일곱 바퀴를 돌고 난 다음에 일제히 고함을 칠 때 여리고성이 무너져 내렸습니다. 하나님께서는 하루 만에 여리고성을 무너뜨릴 수 있으셨습니다. 그런데 왜 그렇게 하지 않고 7일 동안 돌게 하신 후 여리고성이 무너지게 하셨을까요? 하나님께서는 우리의 기도를 응답하시기 전에 온전한 믿음을 가지고 기도하는지 안 하는지 시험해 보시는 것입니다. 믿음이 진짜인지 가짜인지는 인내를 통해 증명될 수가 있기 때문입니다.

"너희 믿음의 시련이 인내를 만들어 내는 줄 너희가 앎이라"_야고보서 1:3

믿음은 시련을 통해 인내가 살아있는 온전한 믿음이 되게 합니다. 그렇기 때문에 우리가 하나님께 기도할 때 이스라엘 백성이 여리고성을 도는 것처럼, 인내를 가지고 진짜 믿음으로 하나님 앞에 나왔는지를 시험해 보시는 것입니다. 이스라엘 백성이 여리고성 도는 장면을 상상해 보세요. 아마 첫째 날 그들이 여리고성을 돌면서 그 철벽성을 눈으로 보았을 것입니다. '야! 이런 철벽성이 무너질 수가 있을까?' 생각하며 기도했을 것입니다. 눈에 보이는 것을 극복하지 못했더라면 그들은 그만 낙심하고 이튿날 돌지 않았을 것입니다. 그러나 진에 돌아와서 눈에 보이는 그 성벽을 놓고 기도하고 거기에 대한 불안과 공포를 극복했습니다. 이튿날 또 성을 돌 때, 성에 있는 여리고의 모든 군대와 경찰과 그 백성이 이스라엘 백성을 조롱하고 고함을 칩니다. 그들은 잘 먹고 잘 입고 무장도 잘했습니다. 광야를 거쳐 온 이스라엘 백성보다 훨씬 더 건강해 보이고 튼튼해 보입니다. 그래서 그들의 조롱하는 소리와 천지가 진동하는 고함을 듣고 난 다음 이스라엘 백성이 진에 돌아와서 '과연 저 성이 무너질 것인가? 저 성을 정복할 수 있을까?' 생각하고 또 기도하며 염려와 근심을 극복했습니다. 그리고 또 일어나서 사흘째 그 성을 도는데 가만히 보니까 무너질 것 같은 징조가 전혀 보이지 않았습니다. 그들은 또다시 염려와 근심을 기도로 극복합니다. 나흘째 돌 때도 '이렇게 돈다고 해서 성이 무너진 경험이 없는데, 이 성이 과연 무너질까?' 염려되었지만, 이 정신적인 회오리바람을 기도로 극복합니다. 그러고 난 다음 닷새째는 또 돌면서 생각합니다. '우리가 하는 모든 것이 너무나 비이성적이고 비과학적인 것이 아닌가?' 이렇게 이성적인 공격을 당하며 그들은 또 기도로 극복해야만 했습니다. 엿새째는 '이제껏 아무리 돌아도 아무런 느낌이나 징조가 없는데, 지금 우리가 헛수고하는 것이 아닌가? 지금까지 여섯 번째 도는 데도 아무 징조가 없지 않은가?' 이런 불안과 공포를 또다시 기도로 극복해야만 했습니다. 이레째 도는데, '끝까지 말씀을 믿어볼 만한가? 정말 눈에는 아무 증거 안보이고 귀에는 아무 소리 안 들리고 손에는 잡히는 것 없는데, 말씀만 믿고 돌아도 될 것인가?' 그러한 마음의 회오리바람을 그들은 또다시 기도와 믿음으로 극복해야만 했을 것입니다. 이렇게 마지막 7일째 되는 날 일곱 바퀴를 돌고 난 다음 그들의 믿음이 완성되었습니다. 모든 의심과 불안을 극복하고 마음속에 깊은 평안의 믿음에 도달했을 때, 그들의 고함은 천지를 진동하는 고함이 되었고 그 믿음 소리 위에 하나님께서 말씀하셨습니다. "네 믿음대로 될지어다."

"나의 의인은 믿음으로 말미암아 살리라 또한 뒤로 물러가면 내 마음이 그를 기뻐하지 아니하리라 하셨느니라"_히브리서 10:38

"믿음은 바라는 것들의 실상이요 보이지 않는 것들의 증거니 선진들이 이로써 증거를 얻었느니라"_히브리서 11:1-2

그러므로 그들이 완전한 믿음에 도착할 때까지 하나님은 이레 동안 여리고성을 돌게 하시고 그 모든 시련을 극복할 수 있는지 시험해 보신 것입니다. 우리가 어떠한 문제를 가지고 기도할지라도 하나님께서 시간을 두고 우리를 일곱 번 시험해 보신다는 것을 기억해야 합니다. 이제는 시험에 통과해서 눈에는 아무 증거 안보이고 귀에는 아무 소리 안 들리고 손에는 잡히는 것이 없어도 단호히 믿고 나설 수 있는 믿음의 자세까지 도달해야 합니다.

또한 우리의 기도가 7일 동안이나 걸리는 이유는 마귀의 배후 세력을 완전히 묶어 버려야 하기 때문입니다.

"진실로 너희에게 이르노니 무엇이든지 너희가 땅에서 매면 하늘에서도 매일 것이요 무엇이든지 땅에서 풀면 하늘에서도 풀리리라"_마태복음 18:18

이스라엘 백성이 여리고성을 한 바퀴 돌 때, 벌써 밧줄로 여리고성을 묶은 것입니다. 두 바퀴 돌 때 두 번째 칭칭 감은 것이며 세 바퀴 돌 때 세 번째 믿음으로 마귀의 진을 감은 것입니다. 네 바퀴 돌 때 네 번째, 다섯 바퀴 돌 때 다섯 번째, 여섯 바퀴 돌 때 여섯 번째, 일곱 바퀴 돌 때 일곱 번째 감으면서 일곱 번을 다시 칭칭 감는데 여리고성에 있는 사람들은 아무것도 모르고 있었습니다. 마지막에 고함친 것은 칭칭 감은 그 믿음의 밧줄을 잡아당긴 것입니다. 땅에서 매면 하늘에서 매입니다마 18:18. 땅에서 마귀를 완전히 대적해 묶고 고함치니 여리고성이 무너져 버리고 만 것입니다.

여러분, 우리의 기도는 마귀를 대적하는 것입니다. 마귀의 결사적인 저항에 우리는 끝까지 대적해야 합니다. 일곱 번 돌면서 완전히 대적해야 합니다. 한번 마귀하고 붙었으면 절대로 물러가지 말고 결사적으로 대적해야 합니다. 이렇게 마귀를 완전히 대적하면 마귀는 여리고성이 무너지듯 무너져 버립니다.

그뿐만 아니라 또한 우리가 일곱 번 기도하는 것은 완전히 하나님께 제물이 되는 것입니다. 기도는 하나님께 제사드리는 것입니다. 구약시대는 짐승을 죽여서 피로 제사드렸지만, 우리는 산 제물로 드려야 합니다. 제물이란 죽어야 하는 것이기 때문에 자기 고집이 죽고 이기심이 죽고 인본주의가 죽고 불순종이 죽는 것입니다. 완전히 하나님 그 발 앞에 나 자신을 내어놓고 온전히 순종하는 것을 말합니다. 우리가 하나님께 기도 응답을 받으려면 이처럼 자기를 드려서 완전히 순종하는 삶을 살아야만 합니다. 그렇지 않고 자기중심으로, 자기 고집대로 살면서 하나님께 응답받으려고 한다면 그건 옳지 않습니다. "살든지 죽든지 흥하든지 망하든지 성하든지 쇠하든지 주님 뜻대로 하시옵소서. 나는 주의 것입니다"라고 고백하는 온전한 순종이 있어야만 합니다. 그러므로 일곱 번 여리고를 돌아 완전한 믿음에 도달하고, 하나님 앞에서 마귀를 완전히 대적하고 자기를 온전히 산 제물로 드릴 때까지 하나님께서 기다리시는 것입니다. 이러한 과정이 지나가면 성은 무너집니다. 여러분의 문제의 성은 무너집니다. 여러분의 고통의 짐이 무너집니다. 여러분의 생활고가 무너집니다. 마귀의 진이 훼파되는 것입니다. 거기에는 반드시 이와 같은 기도의 요건이 성립해야 하기에 항상 기도하고 낙심하지 말라고 예수께서 말씀한 것입니다.

엘리야의 기도

열왕기상 18장에 보면, 엘리야가 갈멜산에서 드린 일곱 번의 기도가 나옵니다. 이스라엘이 우상을 섬김으로 하나님께서 진노하사 3년 6개월 동안 비를 내리지 않으셨습니다. 그때 엘리야가 아합 왕에게 도전장을 던졌습니다. 아합 왕과 그 아내 이세벨이 데리고 온 바알의 선지자 450명과 아세라 선지자 400명을 갈멜산으로 모아와서 불로 응답하는 신을 참 하나님으로 섬기자고 말했습니다. 그래서 그들은 두 제단을 쌓고 송아지로 각을 떠서 나무 위에 얹고 시험을 했습니다. 그런데 바알의 선지자들이 아침부터 낮까지 바알의 이름을 부르짖어 기도해도 불이 임하지 않았습니다. 그러나 저녁 소제 드릴 때 엘리야가 하나님 앞에 기도하자 하늘에서 불이 떨어져 제물을 불태웠습니다. 그래서 모든 이스라엘 백성이 거기에 엎드려서 여호와야훼 그는 참 하나님이라고 고백을 했습니다. 엘리야는 바알 선지자 450명을 잡아서 기손 시냇가에 내려가서 칼로 그들 목을 다 쳐서 죽이고 난 다음 갈멜산에 올라가서 3년 6개월 동안 비가 오지 않은 메마른 땅에 비가 오도록 기도했습니다. 그가 기도할 때 한 번 한 것이 아닙니다. 한 번 기도하고 종에게 산꼭대기에 올라가서 징조가 보이는지 보게 했습니다. 종이 안 보인다고 하니까 두 번째 기도하고 또 보냈습니다. 세 번째 기도하고 또 보냈습니다. 네 번째 기도하고 또 보냈습니다. 아무 징조가 없습니다. 다섯 번째 기도하고 또 보냈습니다. 아무 징조가 없습니다. 여섯 번째 기도하고 또 보냈습니다. 아무 징조가 없습니다. 일곱 번째 기도하고 보내니까 저 멀리 바닷가에 손바닥만 한 구름이 뜬 징조가 보인 것입니다. 이것이 엘리야의 결사적인 기도입니다. 성경에 보면 얼마나 그가 간절히 부르짖었던지 허리가 굽어져서 머리가 다리 사이로 들어갔다고 했습니다.

"엘리야가 갈멜산 꼭대기로 올라가서 땅에 꿇어 엎드려 그의 얼굴을 무릎 사이에 넣고" _열왕기상 18:42

여러분, 우리도 너무나 간절히 기도하면 배가 그냥 등에 딱 붙어버려요. 제가 옛날 신학교 시절에 성령 받기 위해서 삼각산 꼭대기에 올라가서 밤새도록 부르짖는데, 나중에는 너무 부르짖으니까 해산한 여인같이, 새우같이 몸이 오그라져 버리고 맙디다. 엘리야가 얼마나 고함쳤던지 새우같이 오그라져서 머리가 다리 사이로 들어가 버리고 말았습니다.

엘리야는 한 번 기도할 때 마음속에 시험이 다가왔습니다. '가뭄으로 눈에 보이는 모든 것이 메말랐는데 네가 기도한다고 비가 오겠느냐?' 그러나 그것을 기도로써 극복했습니다. 그다음에 종이 와서 "아무것도 안 보입니다"라고 말하니까 또 마음속에 의심이 들어옵니다. '햇빛이 불같이 내리쬐는 데도 네가 믿겠느냐?' 그러나 그는 극복하고 부르짖어 기도하고 종을 보냈는데, 또 아무것도 안 보인다고 하니까 그다음 마음속에 '하늘이 녹같이 푸른데 네가 그렇게 믿는다고 뭐가 되겠느냐?' 그러나 또 그것을 극복하고 부르짖어 기도하고 종을 보냈는데, 내려와서 하는 말이 또 아무 흔적도 없다는 것입니다. 그 마음속에 또 마귀의 시험이 다가왔습니다. '야, 3년 6개월 가뭄이 갑자기 해결되겠느냐? 웃기는 짓 하지 마라.' 그러나 그것을 또 극복하고 부르짖어 기도하고 종을 보냈는데 이번에도 아무 징조가 안 보인다고 말합니다. 마음속에 또 마귀가 와서 속삭입니다. '기도로 비가 온다는 것은 비이성적인 것이 아닌가? 기도로 무슨 비가 오겠느냐?' 그러나 그것을 또 극복하고 하나님께 부르짖었습니다. 그리고 종을 보냈는데 종이 아무것도 안 보인다고 합니다. 마귀가 다시 속삭입니다. '전에도 그런 경험이 없었는데 네가 지금 이렇게 기도한다고 갑자기 그런 일이 일어나겠느냐? 말도 안 되는 짓 좀 그만해라.' 그러나 엘리야는 그것을 또 기도로 극복하고 종을 보냈습니다. 종은 여전히 아무것도 안 보인다고 합니다. 그래서 일곱 번째 엘리야가 기도하는데 마귀가 웃습니다. '아무리 기도해 봐야 아무 징조도 없을 거다. 네가 기도해도 아무 징조도 없을 거야.' 그러나 엘리야는 그 모든 마귀의 비웃음과 그 모든 마음의 의심을 극복하고 일곱 번째 기도하고 종을 보냈습니다. 그랬더니 이번에는 종이 "저 바다 끝에 손바닥만 한 구름이 떠올랐습니다"라고 말하는 것입니다. 그 말을 듣자 엘리야는 뛸 듯이 기뻤습니다. 그리고는 아합에게 "이스라엘로 빨리 들어가십시오. 큰비의 소리가 들립니다"라고 말했습니다. 그러자 즉시 손바닥만 한 구름은 온 하늘을 덮는 먹장구름이 되었고 3년 6개월 만에 하늘에서 폭우가 쏟아졌습니다.

그러므로 그는 온전한 믿음에 도달할 때까지, 마음에 조그마한 의심도 없을 때까지 기도를 계속해서 그 모든 것을 극복하고 마음에 완전한 믿음이 점령할 때까지 뒤로 물러가지 않았습니다. 하나님은 일곱 번 시험했습니다. 일곱 번이라는 것은 완전한 믿음이 들어올 때까지 하나님께서 시험해 보는 것입니다. 쉽게 뒤로 물러가면 안 됩니다. 엘리야는 기도할 때 비가 오는 것을 막고 있는 공중에 권세 잡은 원수 마귀와 대결한 것입니다. 그의 기도가 상달하려고 할 때 원수 마귀는 이를 막습니다.

다니엘이 자기 조국을 위해 기도할 때 하루를 기도해도 응답이 없습니다. 열흘을 기도해도 응답이 없습니다. 같이 기도하던 사람들은 낙심해서 다 뒤로 나가떨어졌습니다. 다니엘 혼자 남았습니다. 11일, 12일, 13일…… 20일, 금식하며 끝까지 버팁니다. 마지막 21일째가 되자 하늘의 천사가 나타나 "하나님이 지극히 사랑하는 다니엘아, 너의 기도가 첫날 하늘에 상달 되었으나 내가 응답을 가지고 내려오는데 하늘에 바사 나라를 다스리는 원수 마귀가 나를 대적하므로 21일 동안 대치해 있다가 군대장 미가엘이 와서 나를 도우므로 오늘 네게 응답을 가지고 왔다"라고 말합니다 단 10:12-14.

여러분, 우리의 기도가 하늘에서 원수 마귀에 의해 대적 되고 있다는 사실을 알아야 합니다. 그러기 때문에 우리는 끝까지 대적해야만 하는 것입니다. 끝까지 일곱 번 기도하라, 끝까지 물러가지 말고 마귀와 대적을 하고 대결을 하라는 것입니다. 그래야 마귀의 진이 무너지고 하나님의 응답이 다가오는 것입니다.

그뿐만 아니라 기도드리는 자는 온전한 순종으로 나가야 합니다. 하나님께서 아브라함에게 산 제사를 요구하셨습니다. 100세에 낳은 아들 이삭을 모리아산에서 제물로 드리라고 하셨습니다. 그것은 이삭을 제물로 드린다는 것보다도 전적으로 순종하는 아브라함 자신을 제물로 드리는 것입니다. 100세에 낳은 아들을 잡아 각을 떠서 장작 위에 펼쳐 놓고 불을 붙여서 제물로 드리라고 할 때, 두말하지 않고 순종해서 그 아들과 사흘 길을 걸어 모리아산에 올라가 이삭을 향해 칼을 든다는 것은 아들 이삭이 아닌 아브라함 자신을 잡는 것입니다. 자기를 온전히 순종하지 않고는 절대로 그렇게 할 수가 없습니다. 바로 그와 같은 순종의 제사를 하나님은 원하시는 것입니다. 그 순종의 제사드릴 때 하나님은 감동하십니다. 하나님은 아브라함에게 "내가 네게 큰 복을 주고 네 씨가 크게 번성하여 하늘의 별과 같고 바닷가의 모래와 같게 하리니"창 22:17 라고 말씀하셨습니다. 이처럼 우리의 기도는 우리가 완전히 산 제물이 될 때까지 하나님께서 기다리는 것입니다. 완전한 믿음, 원수 마귀에 대한 완전한 대적, 그리고 완전한 산 제물이 될 때, 하나님께서는 기꺼이 우리의 기도를 응답해 주시는 것입니다.

나아만 장군의 기도

나아만 장군이 나병을 치료받기 위해 요단강에서 일곱 번 목욕을 했습니다. 여기에도 일곱 번입니다. '7'은 완전 숫자입니다. 완전히 하나님을 믿고, 완전히 마귀를 대적하고, 완전히 순종의 제물이 되길 하나님은 기다리십니다. 이와 같은 조건이 갖춰질 때 하나님의 응답이 임하는 것입니다. 시리아의 대장군 나아만은 시리아의 임금을 위해서 여러 전투에서 승리하고 시리아를 구한 국가적인 영웅이었습니다. 그러나 그는 나병 환자였습니다. 세상적으로 명예와 지위와 권세가 있었지만 속으로는 죽어가고 있었습니다.

세상 사람들도 이와 같습니다. 옛날보다 잘 먹고 잘 입고 잘 살고 과학이 발달하고 영화롭게 산다고 하지만, 그 속은 다 나병에 걸린 것입니다. 하나님을 대적하는 죄악은 곧 나병입니다. 그 나병에 모두 썩어들어가서 영원한 지옥으로 떨어지고 마는 것입니다. 예수 그리스도 앞에 오기 전에는 그 나병은 낫지 않습니다. 예수님만이 우리 죄악을 십자가에 대신 걸머지고 몸 찢고 피를 흘려 죽으시고 이를 극복했기 때문에 예수를 믿는 믿음이 영적 나병인 죄를 다 사해 버리고 지옥이 아닌 천국으로 들어갈 수 있게 합니다.

나아만 장군이 이스라엘에서 포로로 잡은 소녀가 그의 부인을 도와서 집안일을 하고 있는데, 그 소녀가 나아만이 나병 걸린 것을 보고, "우리 주인이 사마리아에 계신 선지자 앞에 계셨으면 좋겠나이다 그가 그 나병을 고치리이다"왕하 5:3라고 말했습니다. 이 말을 듣고 물에 빠진 사람이 지푸라기도 잡는 심정으로 그는 임금에게 이야기해서 이스라엘로 갔습니다. 이스라엘 왕에게 시리아 왕이 글을 썼습니다. "내가 내 신하 나아만을 당신에게 보내오니 이 글이 당신에게 이르거든 당신은 그의 나병을 고쳐 주소서"왕하 5:6 이스라엘 왕이 이 편지를 받자 자기 옷을 찢었습니다. "시리아 왕이 나에게 조건을 걸어서 전쟁을 하려고 하는 것이다. 내가 하나님이냐? 나병을 고치게." 그 말을 들은 엘리사가 왕에게 "그 사람을 우리 집으로 보내소서"라고 말했습니다.

"하나님의 사람 엘리사가 이스라엘 왕이 자기의 옷을 찢었다 함을 듣고 왕에게 보내 이르되 왕이 어찌하여 옷을 찢었나이까 그 사람을 내게로 오게 하소서 그가 이스라엘 중에 선지자가 있는 줄을 알리이다 하니라"_열왕기하 5:8

나아만 장군이 위세 당당하게 장군의 옷을 입고 수많은 병사를 거느리고 엘리사의 집에 가니 작고 초라한 초가집에서 엘리사는 나오지 않고 그 종 게하시가 나와서 "우리 주인은 지금 바빠서 당신 만날 여가가 없으니, 저 요단강에 가서 일곱 번 목욕하면 나을 겁니다. 그리고 돌아가시오"라고 말했습니다. 이 말에 나아만 장군은 노발대발했습니다. "내가 그래도 시리아의 대장군인데 엘리사가 직접 나와서 거룩한 물을 뿌리고 손을 들어서 안수해서 고쳐줘야지, 뭐 나 보고 저 요단강에 가서 일곱 번 목욕하라고? 우리나라에 강물이 얼마나 맑고 좋으냐? 강물에 목욕해서 나을 바에야 거기서 하는 것이 낫지 흙탕물인 요단강에 가서 목욕하라고? 웃기는 소리 하네. 나는 간다. 가만 안 두겠다." 이렇게 분개하여 돌아서자, 그의 군사들이 "아버지여, 병이 나으려면 이보다 더 어려운 일이라도 할 것인데, 요단강에서 일곱 번 목욕을 못할 것이 어디 있습니까?"라고 하도 간청하기에 그는 장군의 옷을 입고 투구를 쓰고 요단강에 들어가게 된 것입니다. 여기에서 그가 일곱 번 목욕하는 것은 하나님 앞에 믿음이 완전한지, 완전한 순종을 하는지 시험당하는 것입니다. 원수 마귀를 완전히 대적하는지 시험해 보시는 것입니다. 참으로 어려운 시험이었습니다. 그러나 그는 모든 군사가 보는 가운데서 요단강 물에 들어갔습니다. 요단강 물은 맑지 않습니다. 발밑에 진흙이 흙탕물을 일으켰습니다. 그가 한번 풍덩 들어갔다가 나와보니까 여전히 나병이 있거든요. 그러니 마음속에서 '야! 너 창피 당하고 말았다. 그렇게 한다고 낫겠느냐?' 합니다. 그는 '믿습니다' 하고 두 번째 풍당 들어갔다 나왔는데, 여전히 몸은 곪아 터지고 아픕니다. '야! 너 이거 괜한 짓을 하고 있지 않느냐?' 그러나 '믿습니다' 하고 세 번째 또 퐁당 들어갔다가 나와보니까 여전히 나병 환자로 일그러진 그대로였습니다. '야! 너 여전히 나병 환자 아니냐?' 그러나 그는 '아니야, 믿습니다'라고 하고 네 번째 퐁당 들어갔다 나왔는데 '아, 흙탕물에 들어갔다가 나온다고 병이 나을까? 이렇게 목욕할 바에야 다메섹강 아바나 바르바강에서 목욕하는 것이 낫지 않느냐?' 그런 마음이 들어왔습니다. 울상이 되었습니다. 그러나 군사들은 모두 합장하고 계속하라고 자꾸 말하고 있는 것입니다. 다섯 번째 퐁당 들어갔다가 나왔는데 완전 물에 빠진 쥐새끼처럼 되고 만 것입니다. 흙탕물은 주르륵 흐르고 대장군의 모습이 말이 아닙니다. '이거 엘리사 말 듣다가 사람 완전히 버린 사람 되지 않느냐?' 그런 맘이 생겼습니다. 그럼에도 불구하고 '믿습니다' 하고 여섯 번째 퐁당 들어갔다 나왔는데 낫지 않았습니다. '이런 비과학적이고 비이성적인 일을 계속하다가는 영 망하지 않느냐?' 그런 생각이 들었습니다. 그러나 그것을 극복하고 죽기 살기로 일곱 번째 퐁당 들어갈 때 마음속에 '이래도 엘리사의 말을 믿느냐?'라고 했고, 그는 이번에도 '믿습니다'라고 하며 기를 쓰고 들어갔다가 나오니 순식간에 피부는 어린아이같이 변하고 나병은 온데간데없이 사라졌습니다. 기적이 일어난 것입니다. 그가 일곱 번 물에 들어갔다가 나온다는 것은 어지간한 믿음의 시련과 투쟁이 아니었습니다. 그러나 그는 완전히 믿었고, 그 믿음에 하나님이 응답한 것입니다. 일곱 번 들어갔다가 나오므로 마귀와의 싸움에서 완전히 이긴 것입니다.

사고로 다친 것이나 태어날 때부터 장애인이 아닌 이상 모든 병은 그 배후에 마귀가 있습니다. 다쳐서 병들거나 장애인으로 태어난 것은 병이라고 할 수 없습니다. 불구입니다. 그러나 그렇지 않고 다가오는 모든 병은 마귀가 배후에 있는 것입니다. 예수님이 고치신 모든 병은 마귀에게 눌려있던 병입니다. 그러므로 여러분, 기도는 마귀와의 씨름인 것을 알아야 합니다.

"하나님이 나사렛 예수에게 성령과 능력을 기름 붓듯 하셨으매 그가 두루 다니시며 선한 일을 행하시고 마귀에게 눌린 모든 사람을 고치셨으니 이는 하나님이 함께 하셨음이라"_사도행전 10:38

"끝으로 너희가 주 안에서와 그 힘의 능력으로 강건하여지고 마귀의 간계를 능히 대적하기 위하여 하나님의 전신 갑주를 입으라 우리의 씨름은 혈과 육을 상대하는 것이 아니요 통치자들과 권세들과 이 어둠의 세상 주관자들과 하늘에 있는 악의 영들을 상대함이라"_에베소서 6:10-12

여러분, 우리의 기도는 마귀와의 씨름입니다. 매어 치고 넘어지고 안다리 걸고 바깥다리 걸고 허리 치기 하는 마귀와의 레슬링입니다. 그 레슬링 중간에 포기하면 안 됩니다. 마귀는 결사적으로 저항하지만 우리는 완전한 대항을 해야 합니다. 원수 마귀에 대해서 "나사렛 예수 이름으로 명하노니 너희 원수 귀신아! 너는 이미 십자가에서 무장 해제되었다. 물러갈지어다"라고 선포하며, 마귀에 대해서 일곱 번 끝까지, 마귀가 물러갈 때까지 완전하게 대항해야 합니다. 우리의 기도는 마귀를 번거롭게 합니다. 우리의 기도는 마귀를 괴롭히는 것입니다. 여러분이 기도하면 기도할수록 마귀는 번거로워지고 괴로워지고 견딜 수 없는 것입니다. 나중에 여러분이 완전한 결심을 하고 마귀에게 저항하면 그는 고함치고 한 길로 왔다가 일곱 길로 도망치고 마는 것입니다신 28:7. 그러므로 우리는 끝까지 마귀를 대적해야 합니다.

그뿐만 아닙니다. 나아만 장군은 하나님께 온전히 순종했습니다. 그야말로 시리아의 장군이 하나님이 시키는 대로 흙탕물에 들어가서 일곱 번 목욕한 것은 하나님 앞에 온전한 순종의 제물이 된 것입니다. 하나님은 이 제물을 기쁘게 받아 주신 것입니다. 그래서 그의 나병을 고쳐 주신 것입니다.

여러분, 그러므로 우리가 이러한 사건들을 통해서 알아야 할 것이 있습니다. 여호수아 앞의 여리고성이나 3년 6개월 가뭄에 처한 엘리야나 그 당시에 결코 치료 불가능한 나병에 걸린 나아만 장군이나 모두 인간적으로 볼 때는 결코 건널 수 없는 강에 막힌 것입니다. 불가능입니다. 절망입니다. 그러나 그들은 모두 하나님의 약속을 믿고 모든 의심을 정복하고 마귀와의 대결에서 이기고 자신을 온전히 순종의 제물로 바칠 때 하나님께서 기적으로 응답하여 주신 것입니다. 오늘날에도 인간의 불가능은 하나님의 가능입니다. 인간의 절망은 하나님의 소망입니다.

"너는 내게 부르짖으라 내가 네게 응답하겠고 네가 알지 못하는 크고 은밀한 일을 네게 보이리라"_예레미야 33:3

　사람이 알 수 없는 크고 비밀한 일을 하나님은 갖고 있습니다. 그러나 이 모든 것은 기도를 통해서 하나님 앞에 나아가야 하는 것입니다. 그 기도는 마치 여호수아처럼, 엘리야처럼, 그리고 나아만처럼 일곱 번 기도하여 완전한 믿음의 시험을 통과해야 합니다. 철저히 마귀에게 대적해야 하고 완전한 제물이 되어서 주님 중심으로 순종하고 일어나야 합니다. 그럴 때 마귀의 진은 훼파되고 하늘의 보좌는 움직입니다. 하나님의 권능의 팔은 나타나고 나사렛 예수 이름으로 하는 기도는 오늘날도 응답됩니다. 우리 영혼이 잘됨 같이 범사에 강건하고요삼 1:2, 생명을 얻되 더 풍성히 얻는 하나님의 은총이 나타나게 되는 것입니다요 10:10.

기도

전능하고 거룩하신 우리 하나님 아버지여, 이 시간 우리의 기도를 들으시고 응답해 주시는 하나님 감사합니다. 지금도 하늘에서 하나님께서 그 능력의 팔로 역사하여 주셔서 우리를 마귀의 사슬에서 해방시켜 주심을 감사합니다. 타락한 불순종의 성품을 다 깨뜨려 버리시고 온전히 하나님께 드리는 산 제사 되도록 이끌어 주심을 감사합니다. 기도를 통하여 하나님의 역사가 일어나고 마귀가 물러가고 우리 인생에 참된 변화가 다가오는 놀라운 창조적인 일이 일어나게 하여 주옵소서. 항상 기도하고 낙심하지 말게 도와 주옵소서. 하나님의 기적을 체험하게 하여 주옵소서. 우리 주 예수님 이름으로 기도합니다. 아멘

::::::::::

요약

1. 여호수아의 기도

하나님께서는 여리고성을 하루 만에 무너뜨리지 않고, 이스라엘 백성이 6일 동안 여리고성을 한 바퀴 돌고 마지막 7일에는 일곱 바퀴 돌게 한 후에야 무너지게 하셨습니다. 이는 하나님께서 기도를 응답하시기 전에 온전한 믿음을 시험해 보시는 것이고, 또한 마귀의 배후 세력을 완전히 묶어 버리기 위한 것입니다.

2. 엘리야의 기도

'엘리야는 갈멜산에 올라가 3년 6개월 동안 비가 오지 않은 메마른 땅에 비가 오도록 일곱 번 기도했습니다. 자기의 종이 산꼭대기에 올라가 징조가 보인다고 말할 때까지 간절히 기도한 것입니다. 우리는 온전한 믿음에 도달하여 마음에 조그마한 의심까지도 사라질 때까지 포기하지 말고 기도해야 합니다.

3. 나아만 장군의 기도

시리아의 장군 나아만은 말씀대로 요단강에 들어가 일곱 번 목욕함으로 인해 하나님 앞에 온전한 순종의 제물이 되었습니다. 하나님은 나아만을 기쁘게 받아 주시고 그의 나병을 고쳐 주셨습니다. 우리도 인간적인 절망과 불가능 앞에서 이와 같이 순종의 기도를 드려야 합니다.

모든 기도와 간구를 하되 항상 성령 안에서 기도하고
이를 위하여 깨어 구하기를 항상 힘쓰며 여러 성도를 위하여 구하라
또 나를 위하여 구할 것은 내게 말씀을 주사 나로 입을 열어
복음의 비밀을 담대히 알리게 하옵소서 할 것이니

에베소서 6:18-19

왜 기도해야 하나?

1998년 7월 26일

왜 기도해야 하나?

<1998년 7월 26일 >

　저는 오늘 여러분과 함께 '왜 기도해야 하나?'라는 제목으로 말씀을 나누겠습니다. 짐승은 어떤 생명의 위기를 당해도 기도하지 않습니다. 왜냐하면 짐승의 혼 속에는 하나님에 대한 선험적인 인식, 즉 배우지 않아도 태어날 때부터 가지고 있는 생각이 없기 때문입니다. 그러나 사람은 태어날 때부터 그 영혼 속에 잠재적인 하나님에 대한 의식이 있습니다. 그렇기에 평소 전혀 하나님을 믿지 않던 사람도 생명의 위기에 처하면 하나님을 찾게 됩니다. 우리가 가지고 있는 하나님에 대한 지식은 우리의 생각에서 지어낸 것이 아닙니다. 하나님께서 이스라엘의 역사를 통하여 당신 자신을 우

리에게 나타내셨고, 2천 년 전에 그 아들 예수를 인간의 몸으로 보내셔서 사람들이 예수님 안에 나타나신 하나님을 보고 듣고 만지고 체험하게 하셨습니다. 우리는 예수님을 믿음으로 하나님 아버지를 모시게 되고 하나님은 우리의 아버지가 되시고 우리는 자녀가 된 것입니다. 이와 같은 필연적 관계로 아버지 하나님과 우리의 교통은 기도로 이루어져야만 하는 것입니다.

하나님은 우리의 기도를 원하신다

왜 우리가 기도해야 합니까? 그 이유는 하나님이 우리를 사랑하셔서 우리가 기도하기를 원하시기 때문입니다. 사랑은 끝없이 그 사랑하는 대상과 대화하고 교통하고 함께 있기를 원합니다. 부모가 자녀와 같이 있고 대화하기를 원하는 것은 당연지사입니다. 부부간에도 서로 사랑하면 많은 시간을 함께 지내고 대화하기 원합니다. 사랑하는 친구는 매일 만나고 매일 이야기하게 됩니다. 그러므로 사랑은 같이 있기 원하고 대화하기 원하는 것입니다.

우리 하나님께서는 우리를 사랑하시기 때문에 우리와 함께하고 대화하기를 원하시는데, 그것이 바로 기도로 이루어집니다. 하나님은 우리의 예배와 찬양을 크게 기뻐하십니다. 그러므로 옛날 구약시대는 제물을 통해 제사드리며 하나님을 만났는데, 오늘날 우리는 예배와 찬양과 기도로 하나님을 만납니다. 예배와 찬양과 기도를 드리면 드릴수록 하나님이 함께하시는 것입니다. 솔로몬이 하나님 앞에서 일천 번제를 드릴 때 하나님이 꿈에 나타나사 그에게 복 주신 것처럼_{왕상 3:4-5} 우리가 하나님께 계속해서 예배와 찬양과 기도를 드릴 때 하나님은 우리를 크게 기뻐하사 하나님 자신을 우리에게 나타내실 것입니다. 기도를 통해서 하나님께 끊임없이 예배드리고 찬양하고 감사할 때 하나님을 영화롭게 하고 하나님이 능력의 오른팔을 나타내사 우리를 건져 주시는 것입니다.

"감사로 제사를 드리는 자가 나를 영화롭게 하나니 그의 행위를 옳게 하는 자에게 내가 하나님의 구원을 보이리라"_시편 50:23

"내가 여호와야훼를 항상 내 앞에 모심이여 그가 나의 오른쪽에 계시므로 내가 흔들리지 아니하리로다 이러므로 나의 마음이 기쁘고 나의 영도 즐거워하며 내 육체도 안전히 살리니"_시편 16:8-9

어떻게 내가 여호와야훼를 항상 내 앞에 모시고 항상 내 우편에 모실 수 있을까요? 이는 기도를 통하여 하나님의 지성소에 들어가 하나님의 권속으로서 하나님과 함께 거할 때 가능합니다. 기도하지 않고 세상적인 마음을 가질 때는 세상에 속하여 살게 됩니다. 그러나 하나님께 기도하면 순식간에 시간과 공간을 초월해서 예수 그리스도를 통해 하나님의 지성소에 들어가게 됩니다. 그리고 기도는 하나님 보좌 앞에서 하나님과 대화하고, 하나님의 사랑받는 자녀로서 함께 교제를 나누게 되는 것입니다. 그러므로 기도만이 하나님의 소원을 이루어 드릴 수가 있습니다. 하나님을 기쁘시게 하고 즐겁게 하고 영화롭게 할 수 있기 때문에 기도해야 하는 것이며, 하나님을 기쁘시게 하면 하나님이 우리에게 그 즐거움의 기름을 부어 주시고 돕는 손길을 베풀어 주십니다.

기도만이 성령충만의 길이다

우리는 육신 속에 살면서 끊임없이 육신의 세계를 보고, 듣고, 말하고, 냄새 맡고, 만지므로 육신적인 생각이 꽉 들어차 있습니다. 이러한 우리에게 하늘나라가 임하게 하고, 하나님 아버지와 주 예수 그리스도와 교제하기 위해서는 성령이 우리 속을 점령해야만 합니다. 성령은 하늘나라의 공간과 시간을 가져옵니다. 성령이 하늘나라의 교통을 우리 속에 가져오는 것입니다. 그러므로 성령충만한 신앙생활은 바로 하늘나라가 충만해지는 것입니다. 성령충만은 하늘문이 열리고 하나님의 나라가 우리 속에 임하여 역사하는 것이므로 육체를 가지고 세상에 살면서도 하늘나라의 그 크고 영화로운 은혜 속에 살 수 있는 길이 바로 성령충만입니다.

오순절 날 120 문도가 열흘 동안 전혀 기도에 열중하자 갑자기 하늘에서 강한 바람 같은 소리가 나고 불의 혀같이 갈라지는 것 같이 각 사람 머리 위에 임하였더니 그들이 다 성령의 충만함을 받고 성령의 말씀하심을 따라 방언으로 말하기 시작했습니다. 그러자 그들의 영혼 속에 하늘나라가 가득 찼습니다행 2:1-4. 불학무식한 제자들로부터 평범한 일반 시민까지 그곳에 모든 사람 속에 천국이 꽉 들어찼습니다. 그러자 그들은 뛰어나가서 천국의 복음을 증거하기 시작했습니다. 그래서 온 세계가 천국으로 가득하게 된 것입니다. 그러므로 성령은 기도를 통해서 우리에게 임하는 것입니다. 기도는 성령의 생수를 공급하는 파이프가 되는 것입니다.

"명절 끝날 곧 큰 날에 예수께서 서서 외쳐 이르시되 누구든지 목마르거든 내게로 와서 마시라 나를 믿는 자는 성경에 이름과 같이 그 배에서 생수의 강이 흘러나오리라 하시니" _요한복음 7:37-38

이처럼 우리가 그리스도의 생수를 마실 수 있게 하는 파이프가 바로 기도입니다. 아무리 저수지에 물이 많다고 할지라도 거기에 연결된 파이프가 없으면 도시의 사람들이 먹고 마시고 빨래하고 목욕할 물이 있을 수가 없습니다. 저수지에 파이프를 연결해야만 가능한 것입니다. 기도가 바로 예수님께 연결해서 성령의 생수를 충만하게 마실 수 있게 하는 파이프입니다. 기도를 많이 하면 할수록 더 많은 성령의 생수를 마시게 되고 더 많이 성령충만하게 되는 것입니다. 그러므로 기도하지 않는 교회는 완전히 가뭄이 들고 메말라 버려서 아무런 생명의 역사도 일어나지 않습니다. 그러나 기도하는 교회는 생수가 넘쳐나서 마치 에덴동산같이, 엘림같이 놀라운 열매 맺는 처소가 되는 것입니다.

그리고 기도를 통하여 성령님과 교통하면 성령의 감화 감동을 받게 됩니다. 성령은 우리 속에 들어와서 가만히 계시는 분이 아닙니다. 성령은 우리가 회개하도록 하여 구석구석 더럽고 추한 죄를 다 통회하고 자복해서 씻어 내게 하십니다. 성령은 우리에게 깨달음을 주셔서 어둡고 깜깜한 마음이 천국을 알게 하고, 하나님과 예수 그리스도를 알게 하여 영원한 미래를 바라볼 수 있게 만들어 주는 것입니다. 그래서 성령이 오시면 마음에 감동이 되어 끊임없는 감사와 눈물의 기도를 드릴 수 있게 되고, 마음에 위로를 받습니다. 아무리 세상이 고통스럽고 우리에게 상처를 입힐지라도 기도를 통하여 성령이 오시면 모든 상처를 극복하고 살아갈 힘을 얻게 되는 것입니다. 그리고 성령은 우리에게 진리를 계시해 주십니다. 전에는 도저히 깨닫지 못했던 말씀도 성령이 오시면 마음속에 희한하고 달콤하고 깊게 그리고 영광스럽게 계시해 주심으로 온 심신이 하늘나라에서 자라게 만들어 주는 것입니다.

그리고 성령은 우리의 삶을 인도해 주십니다. 성령은 우리의 목자가 되어 주심으로 우리를 인도하여 주시고 알듯 모르듯 우리 손을 잡고서 모든 위험을 피하고 안전한 곳으로 이끌어 주십니다. 또한 영도 마음도 몸도 다하여 하나님의 제단에 우리 자신을 헌신하고 맡길 수 있도록 도와주십니다. 그러므로 이와 같은 성령의 놀라운 역사를 체험하기 위해서는 우리가 기도해야 합니다. 기도하지 않고는 결단코 성령충만할 수가 없고 성령과 교통할 수가 없고 하늘나라의 영광을 체험할 수 없습니다. 모든 하늘나라의 진리는 하나의 이론입니다. 하나님의 진리는 성령을 통하여 우리가 체험하게 하고, 그 진리는 체험했을 때 우리의 것이 되는 것입니다.

기도의 불꽃 속에서 귀신이 쫓겨나간다

아담과 하와가 타락한 이후로 마귀와 귀신은 이 세상을 점령하고 사람들로 하여금 도적질하고 죽이고 멸망시키는 일을 하도록 계속해서 조종하고 있습니다. 그러나 우리가 기도할 때 예수 그리스도의 이름과 그 보혈의 능력으로 마귀가 쫓겨나고, 우리가 기도할 때 예수 그리스도의 보혈의 능력이 효과를 발생합니다.

"무리가 빌립의 말도 듣고 행하는 표적도 보고 한마음으로 그가 하는 말을 따르더라 많은 사람에게 붙었던 더러운 귀신들이 크게 소리를 지르며 나가고 또 많은 중풍병자와 못 걷는 사람이 나으니 그 성에 큰 기쁨이 있더라"_사도행전 8:6-8

귀신이 붙어서 사람들을 더럽게 만들고 추하게 하지만 예수 그리스도의 이름으로, 보혈의 능력으로 귀신이 쫓겨나가면 새사람이 됩니다. 귀신은 영적, 정신적, 육체적 오염의 원인이 됩니다. 우리가 오늘날 환경오염을 말하지만, 우리 인격적인 오염은 귀신으로 말미암아 심각하게 다가오고 있습니다. 더러운 귀신이 들어오면 인격이 더럽게 오염되고, 악한 귀신이 붙으면 인격이 악하게 오염됩니다. 거짓말하는 귀신이 붙으면 거짓말쟁이로 오염되고 점치는 귀신이 붙으면 점치며 요행을 바라는 것으로 오염됩니다. 세속적인 귀신이 붙으면 온 세상 풍속을 좇아 행하고 정신이 오염되어 하늘나라에 대해서는 전혀 관심이 없게 하는 것입니다. 억압의 귀신이 붙으면 스트레스를 받아서 심신에 여러 가지 병을 일으키고 좌절하고 절망하게 만드는 것입니다. 이와 같은 귀신 때문에 인생이 오염되어 비인간적인 행동과 사고가 이루어집니다. 우리가 볼 때 '어떻게 사람이 저렇게 할 수 있느냐? 짐승보다 못하다'라고 생각할 때가 있습니다. 왜 그럴까요? 그 이유는 그 사람이 귀신에게 오염되었기 때문입니다. 그러므로 '인면수심人面獸心'이라고 해서 얼굴은 사람의 얼굴이나 마음은 짐승의 마음을 가졌다고 말합니다. 그런 일이 얼마나 많습니까? 그 이유는 사람이 원래 그런 것이 아니라 귀신이 붙어서 인격이 오염되었기 때문입니다. 그러므로 기도는 전인적인 오염을 씻는 샤워입니다. 기도를 통해 성령께서 역사하시면 그 귀신들이 다 쫓겨나게 되는 것입니다.

"하나님이 나사렛 예수에게 성령과 능력을 기름 붓듯 하셨으매 그가 두루 다니시며 선한 일을 행하시고 마귀에게 눌린 모든 사람을 고치셨으니 이는 하나님이 함께 하셨음이라"_사도행전 10:38

우리가 기도하고 회개하면 보혈의 능력과 성령이 효과를 발생해서 오염된 심신이 귀신으로부터 해방되고 자유를 얻게 됩니다. 그러므로 주 하나님을 찬미하고 예배하면 우리의 마음이 마치 목욕한 것같이 상쾌하고 깨끗하고 즐거움이 가득 차게 됩니다. 우리를 오염시킨 더럽고 악한 귀신이 다 쫓겨나가기 때문입니다. 그래서 기도를 통해서 마귀가 쫓겨나간 자리에 성령이 점령하시고, 그 성령은 우리가 아름다운 열매를 맺게 합니다. 사랑과 희락과 화평과 오래 참음과 자비와 양선과 충성과 온유와 절제 같은 좋은 열매를 하나님의 성령께서 우리 속에 맺게 해 주시는 것입니다갈 5:22-23.

기도만이 하나님의 팔을 움직인다

여러분, 하늘과 땅을 지으시고 세계와 그 가운데 모든 것을 지으신 하나님, 이 하나님께서 아무리 우리를 위해서 역사하시려고 해도 우리가 기도해야만 역사하시는 것입니다. 하나님께서 기도하라는 대표적인 구약의 교훈입니다.

"그가 내게 간구하리니 내가 그에게 응답하리라 그들이 환난 당할 때에 내가 그와 함께 하여 그를 건지고 영화롭게 하리라"_시편 91:15

"너는 내게 부르짖으라 내가 네게 응답하겠고 네가 알지 못하는 크고 은밀한 일을 네게 보이리라"_예레미야 33:3

또한 신약의 대표적인 교훈의 말씀입니다.

"예수께서 그들에게 항상 기도하고 낙심하지 말아야 할 것을 비유로 말씀하여"_누가복음 18:1

"너희 중에 싸움이 어디로부터 다툼이 어디로부터 나느냐 너희 지체 중에서 싸우는 정욕으로부터 나는 것이 아니냐 너희는 욕심을 내어도 얻지 못하여 살인하며 시기하여도 능히 취하지 못하므로 다투고 싸우는도다 너희가 얻지 못함은 구하지 아니하기 때문이요 구하여도 받지 못함은 정욕으로 쓰려고 잘못 구하기 때문이라"_야고보서 4:1-3

그렇습니다. 기도하지 않기 때문에 얻지 못하고 그 결과로 다투고 싸운다고 말씀하시는 것입니다. 모세를 보십시오. 출애굽 당시 모세가 기도하니 하나님이 역사하셨습니다. 이스라엘 백성이 홍해 앞에서 더 이상 갈 데가 없었습니다. 뒤에는 애굽의 군대가 잡으러 오고 앞은 홍해로 막혔습니다. 그들이 다 울부짖고 탄식했습니다. 그러자 하나님은 그 부르짖음을 들으셨습니다. "여호와^{야훼}께서 모세에게 이르시되 너는 어찌하여 내게 부르짖느냐 이스라엘 자손에게 명령하여 앞으로 나아가게 하고 지팡이를 들고 손을 바다 위로 내밀어 그것이 갈라지게 하라 이스라엘 자손이 바다 가운데서 마른 땅으로 행하리라"_{출 14:15-16} 그렇습니다. 모세가 기도하매 하나님의 능력이 나타났습니다. 그리고 또 마라의 쓴 물이 달아진 사건도 마찬가지입니다. "모세가 여호와야훼께 부르짖었더니 여호와야훼께서 그에게 한 나무를 가리키시니 그가 물에 던지니 물이 달게 되었더라"출 15:25 모세의 하나님을 향한 능력의 손이 움직일 때 이런 역사가 일어난 것입니다.

대속의 기도

기도는 우리를 통해서 다른 이웃에게 하나님의 은총과 축복과 도우심이 흘러가게 합니다. 하나님의 도우심이 다른 이웃, 사회, 국가에 임하기 위해서는 우리가 기도해야 합니다. 그러므로 예수를 믿는 우리는 가족을 위한 기도를 게을리하지 말아야 합니다. 성경은 고넬료에 대해서 "그가 경건하여 온 집안과 더불어 하나님을 경외하며 백성을 많이 구제하고 하나님께 항상 기도하더니"행 10:2라고 말씀하십니다. 하나님은 나 한 사람이 예수를 믿음으로 온 집이 구원받기를 원하십니다. 그러므로 자녀가 구원 얻으면 부모와 형제자매가 구원받도록 기도해야 하고, 남편은 아내와 자녀를 위해서, 아내는 남편과 자녀를 위해서 기도해야 합니다. 예수 안 믿는 집에 예수 믿는 며느리 한 사람이 무시무시한 결심을 하고 기도한 결과 시아버지, 시어머니, 남편, 온 가족을 예수 믿게 한 증거는 무척이나 많습니다. 왜냐하면 어떤 사람이 대속의 기도를 해야 하나님의 구원의 능력이 임하기 때문입니다. 여러분의 기도는 절대로 땅에 떨어지지 않습니다.

죠지 뮬러George Muller의 한 친구가 그에게 "내 아들을 위해서 꼭 기도하여 구원받게 해 주게"라는 말을 남기고 세상을 떠났습니다. 죠지 뮬러는 그 친구의 아들을 위해서 40년을 계속 기도했지만, 그 아들은 회개하지 않았습니다. 그런데 죠지 뮬러의 장례식에 그 친구의 아들이 문상하러 왔다가 그 관이 땅속에 들어가는 것을 보고 그 자리에 꿇어 엎드려서 회개하고 예수를 믿게 되었다고 합니다. 기도는 우리가 살아있을 때만 아니라, 우리가 세상을 떠나고 난 다음에도 역사하시고 응답하는 것입니다. 그러므로 우리가 가족을 위한 대속기도를 계속해야 합니다.

여러분, 하나님은 우리 삶에 넘치도록 축복하기를 원하고 계시기 때문에 하나님의 소원을 이루어 드리기 위해서라도 우리가 사업과 생활을 위한 기도를 해야 합니다.

"하나님이 능히 모든 은혜를 너희에게 넘치게 하시나니 이는 너희로 모든 일에 항상 모든 것이 넉넉하여 모든 착한 일을 넘치게 하게 하려

하심이라 기록된 바 그가 흩어 가난한 자들에게 주었으니 그의 의가 영원토록 있느니라 함과 같으니라 심는 자에게 씨와 먹을 양식을 주시는 이가 너희 심을 것을 주사 풍성하게 하시고 너희 의의 열매를 더하게 하시리니"_고린도후서 9:8-10

　그리고 이웃을 위해서, 민족을 위해서 끊임없이 기도해야 합니다. 기도할 수 있다는 것은 우리의 특권입니다. 그리고 기도할 때 하나님의 팔이 움직이기 시작합니다. 기도하지 아니하면 하나님이 우리 가운데 일할 조건이 없습니다. 기도하지 않는데 하나님이 우리를 위해서 일하려면 원수 마귀가 참소합니다. "하나님, 기도도 안 하는데 왜 간섭합니까? 이것은 옳지 않습니다." 그러므로 기도하지 않는데 하나님이 우리 일에 간섭할 수 없습니다. 그러나 우리가 기도하면 하나님께서는 당당하게 "기도하기 때문에 나는 저들을 도와주어야 한다"라고 말씀하실 수 있는 것입니다. 그렇기 때문에 마귀는 어떻게 해서든지 우리에게 "기도하지 마라, 성경 공부는 해도 좋다. 교회 가도 좋다. 그러나 기도는 하지 마라"고 말합니다. 마귀는 기도하면 자기의 힘이 무력하게 되고 쫓겨나가기 때문에 어찌하든지 우리를 낙심 시켜 기도를 못 하게 하는 것입니다.

　오늘날 교회가 타락한 것은 기도하지 않기 때문입니다. 기도하지 않고 냉랭해지자 하나님의 능력이 나타나지 않습니다. 하나님의 능력을 체험하지 못하니까 하늘나라는 이론에 있고, 체험이 없기 때문에 살아서 역사하지 못하므로 모두 엉터리 신자가 되어버리고 마는 것입니다. 그러므로 우리는 끊임없이 기도해야 합니다. 하나님께서는 우리에게 복 주시기를 원하십니다. 그러나 오직 우리가 기도해야만 이 일이 이루어지는 것입니다.

"여호와야훼께서 너를 대적하기 위해 일어난 적군들을 네 앞에서 패하게 하시리라 그들이 한 길로 너를 치러 들어왔으나 네 앞에서 일곱 길로 도망하리라 여호와야훼께서 명령하사 네 창고와 네 손으로 하는 모든 일에 복을 내리시고 네 하나님 여호와야훼께서 네게 주시는 땅에서 네게 복을 주실 것이며"_신명기 28:7-8

우리는 지도자를 위해서 기도를 해야 합니다. "그러므로 내가 첫째로 권하노니 모든 사람을 위하여 간구와 기도와 도고와 감사를 하되 임금들과 높은 지위에 있는 모든 사람을 위하여 하라 이는 우리가 모든 경건과 단정함으로 고요하고 평안한 생활을 하려 함이라"딤전 2:1-2 우리에게 영적 양식을 공급하고 우리를 인도하는 주의 종이나 장로, 안수집사, 권사나 지역장, 구역장, 교회학교 교사, 주를 위해서 일하고 수고하는 사람들을 위해서 끊임없이 기도하고 하나님의 은총이 임하도록 우리가 간구해야만 합니다.

기도는 하나님 아버지와 깊은 교통이 가져다주는 큰 기쁨과 평안도 있지만, 마귀와 싸우는 고달픔, 대속 기도의 무거운 짐도 있습니다. 우리는 기도하려고 애쓰고 힘써야만 합니다. 가만히 있으면 자연적으로 기도가 되지 않습니다. 서로 이끌어 주고 밀어주어서 기도할 수 있도록 힘을 보태야만 합니다.

"기도를 계속하고 기도에 감사함으로 깨어 있으라 또한 우리를 위하여 기도하되 하나님이 전도할 문을 우리에게 열어 주사 그리스도의 비밀을 말하게 하시기를 구하라 내가 이 일 때문에 매임을 당하였노라"_골로새서 4:2-3

"진실로 너희에게 이르노니 무엇이든지 너희가 땅에서 매면 하늘에서도 매일 것이요 무엇이든지 땅에서 풀면 하늘에서도 풀리리라 진실로 다시 너희에게 이르노니 너희 중의 두 사람이 땅에서 합심하여 무엇이든지 구하면 하늘에 계신 내 아버지께서 그들을 위하여 이루게 하시리라"_마태복음 18:18-19

기도는 하나님이 우리에게 주신 특권이요, 하늘나라를 여는 열쇠요, 마귀를 물리치는 능력이요, 하나님의 손길을 움직이는 권세입니다. 항상 깨어 기도하기를 주의 이름으로 축원합니다.

기도

　사랑이 많으신 우리 하나님 아버지, 하나님께서 우리를 구원하사 기도할 수 있는 특권을 허락해 주신 것을 감사합니다. 예수 그리스도의 십자가를 의지하고 우리가 부르짖어 기도할 때 하늘에서 들으시고, 하나님은 우리를 위해서 놀라운 역사를 베풀어 주심을 감사합니다. 그러므로 우리가 기도하지 못하게 하는 마귀의 훼방을 다 물리쳐 주시옵시고, 모두 깨어 기도하게 도와주시옵소서. 성령으로 충만하여 열심을 다하여 부르짖게 도와주옵소서. 예수님 이름으로 기도합니다. 아멘.

요약

1. 하나님은 우리의 기도를 원하신다

하나님은 부족함이 없으시지만, 우리를 사랑하시기 때문에 우리와 함께 있기를 원하십니다. 사람은 사랑하는 사람과 끝없이 대화와 교통을 나누고 함께 있기를 원하는 것인데, 이것이 바로 기도입니다. 우리는 기도를 통해 하나님을 기쁘고 영화롭게 할 수 있습니다.

2. 기도만이 성령충만의 길이다

우리 안에는 세상의 생각들이 가득 들어차 있는데, 우리 속에 하늘나라가 임하도록 도와주는 분은 성령님입니다. 성령은 오직 우리가 기도할 때 충만하게 부어집니다. 그러므로 육체를 가지고 세상에 살면서도 은혜 속에 있기 위하여 우리는 기도해야 합니다.

3. 기도의 불꽃 속에서 귀신이 쫓겨나간다

우리가 기도하면 예수 그리스도의 이름과 보혈의 능력이 효과를 발생하여 마귀가 쫓겨나갑니다. 기도를 통해 마귀가 쫓겨나간 자리에 성령이 점령하시면 우리는 아름다운 성령의 열매를 맺을 수 있습니다.

4. 기도만이 하나님의 팔을 움직인다

하나님은 하늘과 땅을 지으시고 세계와 그 가운데 모든 것을 지으셨지만, 우리의 기도를 통해 역사하십니다. 우리는 기도를 통해 하나님의 팔을 움직여 놀라운 능력을 경험해야 합니다.

5. 대속의 기도

하나님의 은총과 축복과 도우심은 기도를 통해 다른 사람들에게 흘러갑니다. 우리가 기도할 때 하나님의 도우심이 다른 이웃이나 사회, 국가에 임하게 됩니다. 그러므로 예수 믿는 우리는 이웃을 위한 기도를 게을리하지 말아야 합니다.

일을 행하시는 여호와야훼, 그것을 만들며 성취하시는 여호와야훼,
그의 이름을 여호와야훼라 하는 이가 이와 같이 이르시도다
너는 내게 부르짖으라 내가 네게 응답하겠고
네가 알지 못하는 크고 은밀한 일을 네게 보이리라

예레미야 33:2-3

네가 알지 못하는 크고 비밀한 일

2003년 11월 2일

네가 알지 못하는 크고 비밀한 일

<2003년 11월 2일>

　　오늘 저는 여러분과 함께 '네가 알지 못하는 크고 비밀한 일'이라는 제목으로 말씀을 나누겠습니다. 유다 왕 시드기야 때에 바벨론의 느부갓네살 왕이 군대를 거느리고 예루살렘 성을 포위하여 공격하기 시작했습니다. 나라의 운명이 풍전등화風前燈火와 같이 위기에 처하게 되었습니다. 예레미야 선지자는 필사적으로 이스라엘 백성에게 회개하고 우상을 버리라고 외쳤고, 왕과 대신들을 회개하도록 꾸짖으며 동분서주東奔西走했습니다. 예레미야는 예루살렘 성의 파멸이 눈앞에 다가온 것을 확실히 알고 있었습니다. 이와 같이 급박할 때 유다 왕 시드기야는 예레미야를 시위대 감

방에 가두어 버렸습니다. 예레미야의 답답함은 형언할 수가 없었습니다. 그래서 감방에서 몸부림을 치며 어찌할 바를 몰라 당황하고 있을 때 하나님의 놀라운 계시가 임한 것입니다.

"일을 행하시는 여호와야훼, 그것을 만들며 성취하시는 여호와야훼 그의 이름을 여호와야훼라 하는 이가 이와 같이 이르시도다 너는 내게 부르짖으라 내가 네게 응답하겠고 네가 알지 못하는 크고 은밀한 일을 네게 보이리라"_예레미야 33:2-3

일을 행하시고 성취하시는 여호와야훼

여기에서 주님이 예레미야에게 말씀하신 것은 일은 하나님께서 하신다는 것입니다. 일을 행하시는 여호와야훼, 그 일을 지어 성취하는 여호와야훼라고 말씀하셨습니다. 예레미야는 자기의 전력을 기울여 나라를 구하려고 노력하고 있었습니다. 그러나 감방 안에서는 속수무책이었습니다. 감방에 갇혀서 무슨 일을 할 수 있습니까? 왕에게 회개하라고 외칠 수 있습니까? 백성을 독려해서 우상숭배를 멈추라고 할 수 있습니까? 아무것도 할 수 없습니다. 그때 하나님은 예레미야에게 "일은 여호와야훼의 것이다. 네가 일을 다

하는 것처럼 착각하지 말라"는 것입니다. 여호와야훼께서 일을 행하시므로 예레미야가 해야 할 일은 먼저 부르짖어 기도하는 것이라고 하나님께서 보여 주신 것입니다. 그렇습니다. 일은 여호와야훼 하나님의 것입니다. 하나님은 아담을 지으시기 전에 천지만물을 홀로 지으셨습니다. 빛과 궁창을 만드신 것도, 바닷물이 한곳에 모이고 육지가 드러나게 하는 것도 홀로 하셨습니다. 각종 열매 맺는 풀과 나무도, 해와 달과 별도, 공중의 새와 물고기도, 땅에 있는 모든 곤충과 짐승도 하나님이 홀로 지으셨습니다. 마지막 날에 하나님의 형상을 따라 아담과 하와도 홀로 지으셨습니다. "하나님이 지으신 그 모든 것을 보시니 보시기에 심히 좋았더라"창 1:31 하나님은 정말로 좋고 아름다운 세계를 하나님의 능력으로 지으셨습니다. 아담과 하와가 세상에 있기 전에 하나님이 홀로 모든 일을 행하신 것입니다. 그러므로 아담은 하나님이 이미 다 이루어 놓은 일을 누리면서 하나님을 섬기며 살면 되는 것입니다.

"오직 주는 여호와야훼시라 하늘과 하늘들의 하늘과 일월 성신과 땅과 땅 위의 만물과 바다와 그 가운데 모든 것을 지으시고 다 보존하시오니 모든 천군이 주께 경배하나이다" _느헤미야 9:6

하나님께서 혼자 일을 하셨지 아담과 하와를 먼저 지어 놓고 하나님 하시는 일을 도와 달라고 하지 않았습니다. 아담과 하와가 하나님이 이룩한 일을 믿고 누리고 하나님을 섬기길 원하신 것입니다. 그러므로 우리는 하나님의 시키시는 일만 하면 되는 것입니다.

예수님도 수고하고 무거운 짐을 우리에게 걸머지라고 말씀하시지 않았습니다. "수고하고 무거운 짐 진 자들아 다 내게로 오라 내가 너희를 쉬게 하리라"마 11:28고 말씀하셨습니다. "일을 행하는 여호와야훼, 짐을 지시는 여호와야훼, 짐은 내 것이니까 수고하고 무거운 짐은 너희가 지지 말고 다 내게로 가져오너라. 내게 맡기라. 그러면 나는 너희에게 쉼을 주겠다"라고 말씀한 것입니다. 예수님은 십자가에서 인류 구원의 일을 혼자 다 이루셨고, 우리의 죄 짐을 대신 짊어지셨습니다. 세상과 마귀와 싸워서 이기셨고 병도 예수님이 짊어지고 가셨습니다. 저주와 가난도 예수님이 십자가에서 다 해결하셨고 사망과 음부도 다 정복하시고 승리하셨습니다. 그리고 난 다음 "내가 다 이루어 놓았다. 너는 와서 믿기만 하라"고 말씀하신 것입니다. 주님이 다 이루어 놓으신 것을 우리가 조금도 보태거나 뺄 수 없습니다. 우리는 예수님이 다 이루어 놓으신 것을 알고 믿고 받아들이고 감사하고 섬기면 되는 것입니다.

여러분, 이사야는 예수님이 오시기 600여 년 전에 이미 주님이 우리를 구원하는 일을 혼자서 다 완성하실 것을 보여 주었습니다.

"그는 실로 우리의 질고를 지고 우리의 슬픔을 당하였거늘 우리는 생각하기를 그는 징벌을 받아 하나님께 맞으며 고난을 당한다 하였노라 그가 찔림은 우리의 허물 때문이요 그가 상함은 우리의 죄악 때문이라 그가 징계를 받으므로 우리는 평화를 누리고 그가 채찍에 맞으므로 우리는 나음을 받았도다 우리는 다 양 같아서 그릇 행하여 각기 제 길로 갔거늘 여호와야훼께서는 우리 모두의 죄악을 그에게 담당시키셨도다"_이사야 53:4-6

그러므로 우리가 할 일은 주님을 섬기고 주가 하신 일을 믿고 누리며 사는 것입니다. 우리가 구원을 이룰 수 없습니다. 우리의 수양이나 도덕이나 노력이나 고행을 통해서 구원을 성취할 수 없습니다. 구원의 그 놀라운 역사는 십자가에서 주님이 홀로 다 이루어 놓으셨습니다. 우리는 진리를 알고 믿고 받아들이면 됩니다. 이제는 우리가 해야 할 일은 주님께 우리의 모든 짐을 맡기고 의지하고 마음에 평안을 가지고 사는 것입니다.

"네 짐을 여호와야훼께 맡기라 그가 너를 붙드시고 의인의 요동함을 영원히 허락하지 아니하시리로다"_시편 55:22

"이것을 너희에게 이르는 것은 너희로 내 안에서 평안을 누리게 하려함이라 세상에서는 너희가 환난을 당하나 담대하라 내가 세상을 이기었노라"_요한복음 16:33

우리가 세상을 이긴 것이 아닙니다. 예수님이 싸워 이겨서 우리에게 승리를 주신 것입니다. 그래서 우리에게 주님을 의지하고 강하고 담대하라고 말씀하시는 것입니다. 주님은 예레미야가 깨닫기를 바라는 것이 있었습니다. 그리고 그것을 예레미야에게 말씀하십니다. "예레미야야, 너의 힘으로 동분서주東奔西走한다고 이스라엘의 운명이 달라질 것이 아니다. 이스라엘의 흥망성쇠는 여호와야훼의 손에 있지 너의 손에 있지 않다. 네가 할 일은 여호와야훼께서 이스라엘을 위해서 일하실 수 있도록 기도하는 것이다." 집을 세우는 일은 하나님의 일입니다. 하나님 없이 집을 자꾸 우리의 힘으로 세우려고 하는 것은 헛된 일입니다. 성을 지키는 일도 하나님이 하시는 일입니다. 우리는 하나님께 부르짖으며 하나님을 의지해야지, 하나님 없이 우리 힘으로 성을 지키려 하는 것은 헛된 일입니다. 그러므로 집을 세우는 일, 성을 지키는 일은 모두 여호와야훼의 일이요, 하나님 없이 그 일을 하려고 하는 것은 헛된 수고입니다.

"여호와야훼께서 집을 세우지 아니하시면 세우는 자의 수고가 헛되며

여호와야훼께서 성을 지키지 아니하시면 파수꾼의 깨어 있음이 헛되도
다 너희가 일찍이 일어나고 늦게 누우며 수고의 떡을 먹음이 헛되도다
그러므로 여호와야훼께서 그의 사랑하시는 자에게는 잠을 주시는도다"
_시편 127:1-2

　어느 직물공장에 공장장이 여직원들을 불러 놓고 훈시를 했습
니다. "너희는 직물 기계가 돌아갈 때 실밥이 엉키거든 즉시 내게
보고하라. 너희는 그것을 처리할 기술이 없기에 지체하지 말고 즉
시 내게 보고하라." 그런데 여직원 한 명이 밤에 일하다가 깜박 졸
았습니다. 정신을 차려 보니까 실밥이 얼기설기 얽혀있었습니다.
그러나 그 직원은 공장장에게 즉시 보고를 하지 않고 자기 힘으
로 바로잡겠다고 실을 뜯어내고 뜯어내다가 뜯어낸 실만 잔뜩 쌓
였고 기계 여러 대가 멈춰 버리고 말았습니다. 그때서야 놀란 여직
원은 공장장에게 말을 했습니다. "빨리 와 주십시오. 기계가 서고
실타래가 다 엉켰습니다." 공장장이 와서 보고는 화를 벌컥 냈습니
다. "당신이 할 의무는 실이 엉키면 내게 와서 먼저 보고하는 것인
데, 왜 그렇게 하지 않았느냐?" 여직원은 "나는 온 힘을 다해서 실
을 풀어 보려고 애를 썼는데 그만 이렇게 되었습니다"라고 합니다.
그때 공장장은 "네가 정신을 차리고 지켜야 할 것은 실이 엉키거든
곧장 내게 보고하는 것이다. 내가 해야 엉킨 실을 바로 잡을 수 있

지, 네 기술로는 바로 잡지 못하니 앞으로는 조심해라"고 했습니다.

여러분, 우리 인생의 실타래가 이리저리 휘감기고 우리의 인생의 길이 막막할 때 우리는 우리의 공장장 되신 예수님께 곧장 보고해야 합니다. 일은 예수님이 하시는 것입니다. 수고하고 무거운 짐은 예수님이 짊어지겠다고 하셨습니다. 주님께 기도로 보고하고 아뢰어 주님이 고쳐 주시도록 해야지, 우리가 고치겠다고 야단법석을 하다 가는 일만 점점 그르치고 낭패와 실망을 당하게 됩니다. 그러므로 일은 하나님의 것이라는 것을 잊지 말아야 합니다. 먼저 하나님께서 일을 만드시고 그 일을 성취하시고, 우리는 하나님의 도움을 받아서 이 세상에서 살아갈 따름입니다. 하나님의 도우심이 없이 우리는 살아갈 수가 없습니다. 하나님의 도우심 없이는 모두 이리저리 얽히고설켜 엉망이 되고 마는 것입니다.

하나님의 명령

하나님은 우리에게 "너는 내게 부르짖으라"렘 33:3고 명령하셨습니다. 우리가 해야 할 제일 중요한 일은 주님께 부르짖는 것입니다. 크고 작은 인생사를 만났을 때 우리는 하나님께 부르짖어야 할 책임이 있습니다. 무엇보다도 부르짖고 간구하는 것이 우리가 가장 먼저 해야 할 일입니다. 그러면 하나님께서는 "네가 알지 못하는 것을 보여 주겠다"라고 하십니다렘 33:3. 여러분, 우리는 모든 것을 알려고 자꾸 애를 씁니다. 그러나 하나님이 하시는 일을 우리가 알 수 없습니다. 부모님이 하는 일을 어린아이가 어떻게 알겠습니까? 그러므로 우리는 부르짖으며 무조건 일하시는 하나님을 믿어야 합니다. 하나님의 일은 이해하는 것이 아니라 믿는 것입니다.

"믿음으로 모든 세계가 하나님의 말씀으로 지어진 줄을 우리가 아나니 보이는 것은 나타난 것으로 말미암아 된 것이 아니니라"_히브리서 11:3

'하나님이 어떻게 말씀으로 천지를 지으셨을까? 말씀 한마디 했을 뿐인데 어떻게 우주가 생겨났지?' 그런 질문은 할 필요가 없습니다. 그런 것은 우리가 이해할 수도 없습니다. 하나님의 그 전능한 능력을 우리가 어떻게 다 이해하겠습니까? 무조건 하나님의 능력을 믿으면 됩니다. 오직 믿음으로 부르짖어 기도하면 우리가 알지 못하는 역사를 하나님이 베풀어 주십니다. 우리가 계산해서 다 알 수 있는 것이면 뭘 못하겠어요? 우리가 도저히 상상할 수 없는, 우리의 모든 생각을 초월하는 일을 하나님이 하시는 것입니다. 산이 어떻게 바다로 던져지는지 우리는 알 수가 없습니다. 그런데 하나님께서는 "내가 진실로 너희에게 이르노니 누구든지 이 산더러 들리어 바다에 던져지라 하며 그 말하는 것이 이루어질 줄 믿고 마음에 의심하지 아니하면 그대로 되리라"막 11:23고 말씀하십니다. 우리가 부르짖으면 하나님이 이루시겠다고 말씀하십니다.

제가 평신도 시절 부산에서 교회를 다닐 때 들은 간증이 있습니다. 일제 강점기에 김해 자그마한 교회에 나가는 할머니가 있었는데, 언덕을 넘어서 교회까지 가려니 힘이 참 많이 들거든요. 그런데 하루는 목사님이 "믿음으로 이 산들을 바다에 던지라 하면 그대로 될 것이다"라고 말씀하시는 거예요. 이 말씀을 들은 할머니는 산꼭대기에 올라간 후 그 자리에 앉아서 "이 산아, 물러가라! 이 산아, 물러가라!" 외치는 것입니다. 같이 있던 사람이 모두 웃었습니다. "할머니, 이 산이 저 바다로 던지라는 것은 비유로 한 말씀입니다. 세상에 여러 가지 태산같이 많은 어려운 문제를 명령하면 해결된다는 말씀을 비유로 한 것이지 진짜 산을 물러가라고 하면 되겠어요?" 그런데도 할머니는 "아니야, 나는 하나님이 이 산을 옮겨줄 줄 믿는다"라고 말하며 단순한 믿음으로 계속 기도를 했습니다. 그런데 얼마 있지 않아 그곳에 트럭이 왔다 갔다 하고 수많은 사람이 다가와서 산을 옮기기 시작한 것입니다. 왜냐고요? 김해비행장을 닦는다고 산을 전부 파내서 그 흙을 사용했기 때문입니다. 그래서 산이 납작하게 되고 말았습니다. 뭐 반드시 다 그렇게 이루어지는 것은 아니지만 그렇게 단순한 믿음으로 구하면 된다는 것입니다. 하나님이 하시는 역사는 우리가 계산할 필요가 없습니다. 우리는 기도하고 난 다음 믿을 따름입니다.

중국 선교사였던 허드슨 테일러James Hudson Taylor는 어느 날 집회 인도를 위해 배를 타고 가는데 선장은 바람이 불지 않아 배가 더는 갈 수 없다며 정박해 버렸습니다. 허드슨 테일러 선교사님은 저녁 설교를 해야 하니까 출발하자고 하는데 선장은 바람이 안 불어서 배가 더는 움직일 수 없다고 고집을 부리니 큰일 났습니다. 그래서 배를 어떻게 하든지 움직여 보라고 하니까 "당신이 목사 아니요? 당신 하나님께 기도해서 바람이 불게 만들어야지, 내가 어떻게 합니까?"라고 말하는 것입니다. 그래서 허드슨 테일러 선교사님이 선장에게 말했습니다.

"그러면 아예 배를 가야 할 방향으로 돌리십시오. 없는 것을 있는 것같이, 바람이 부는 것같이 갈 방향으로 돌리십시오."

"바람도 안 부는데 배를 왜 그 방향으로 돌려요? 오늘 저녁은 이 항구에서 묵고 가야 합니다."

"아닙니다! 반드시 갑니다. 그러니 배를 목적지를 향해서 돌리십시오."

허드슨 테일러 선교사님이 하도 강하게 말하니까 선장이 배를 목적지 방향으로 돌려놓았습니다. 그러자 허드슨 테일러 선교사님이 배 밑창 골방에 들어가서 부르짖어 기도하기 시작했습니다. "하나님이여, 바람이 불게 해 주세요. 오늘 반드시 말씀을 전해야 하오니 주님께서 은혜를 베풀어 주시옵소서." 그렇게 한참을 기도하고 있는데 바깥에서 선장이 막 문을 두드리고 야단이 난 거예요. 그래서 왜 그러냐고 물으니까 "목사님! 기도 좀 그만해 주십시오. 바람이 너무 세게 불어서 큰일 났습니다. 굉장한 바람이 불어와서 배가 미끄러지듯이 달려가서 도저히 감당할 수 없으니 기도 좀 그만해 주십시오"라고 부탁했다는 이야기가 있습니다.

배가 어떻게 목적지에 도달해 갈지 선장은 알 수가 없었습니다. 그러나 우리가 부르짖어 기도하면 하나님은 우리가 알지 못하는 일을 행하시는 것입니다. 우리가 다 안다면 무엇 때문에 기도하겠어요. "너는 내게 부르짖으라 내가 네게 응답하겠고 네가 알지 못하는 크고 은밀한 일을 네게 보이겠다"렘 33:3라고 주님께서 말씀하신 것입니다. 그렇기에 우리에게 희망이 있는 것입니다. 하나님은 우리가 알지 못하는 크고 비밀한 일을 하겠다고 말씀하십니다. 비밀은 모르는 것이 비밀 아닙니까? 다 알려진 것은 비밀이 아니잖아요. 요사이 우리는 대통령 선거 때 비밀로 돈을 모아서 쓴 것이 다 폭로되는 것을 보지 않았습니까? 비밀로 있을 때는 모르지만 폭로되면 다 알려지는 것입니다. 하나님이 우리 가운데 우리가 알지 못하는 비밀한 일을 행하시고 역사하겠다고 말씀하십니다.

이스라엘 백성이 홍해 앞에 서 있을 때 그들은 어찌할 바를 몰랐습니다. 뒤에는 애굽 군대요, 앞에는 창일한 홍해가 펼쳐져 있는데 어디를 도망을 칩니까? 뒤로도 앞으로도 갈 수 없습니다. 물 마른 연못에 올챙이처럼 바글바글 모여있는 이스라엘 백성은 절망에 처했습니다. 그때 모세가 하나님께 부르짖으니까 하나님께서 그들이 알지 못하는 크고 비밀한 역사를 베풀어 주셨습니다. 홍해를 갈라놓은 것입니다. 주님은 만세 전부터 이미 홍해 밑바닥에 신작로를 만들어 놓았던 것입니다. 이것은 이스라엘 백성도 모르고 애굽 군대도 몰랐던 사실입니다. 꿈도 꾸지 못하는 알지 못한 크고 비밀한 역사가 일어났던 것입니다.

또한 그들이 광야를 사흘 동안 걸어갈 때 물이 없어 목말라 하다가 연못을 발견했는데 물이 써서 마실 수 없어 절망에 처해서 "모세야, 목이 말라 죽겠다"라고 고함쳤습니다. 어떻게 해결합니까? 연못은 연못인데 독이 있어 못 마시니 큰일 났지 않습니까? 그때 모세가 하나님께 부르짖었습니다. 그러니까 도저히 알 수 없는 크고 비밀한 것을 보여 주셨습니다. 바로 그 연못가에 독을 중화시키고 해독시킬 수 있는 나무가 자라고 있었습니다. 그 나뭇가지를 꺾어서 던져 넣으니 물이 달게 변했습니다. 놀라운 역사가 일어난 것입니다출 15:22-25.

여러분, 이스라엘 백성이 광야를 지나는 일은 어마어마한 일입니다. 3백만 명이 먹을 양식도 준비하지 아니하고 물도 준비하지 아니하고 의복도 신발도 준비하지 아니하고 그냥 '믿습니다'로 출발한 것입니다. 어찌 보면 무모하기 짝이 없어 보입니다. 3백만 명이 매일매일 음식을 먹어야 하고 물을 마셔야 하고 옷을 갈아입어야 하고 신발이 떨어지면 갈아 신어야 하고 아플 때 필요한 의약품도 없이 '믿습니다'로 출발했습니다. 왜 그랬을까요? 하나님이 우리가 알지 못하는 크고 비밀한 일을 역사해 준다는 것을 알았기 때문입니다. 하나님은 인간이 상상할 수 없는 기적을 베풀어 주실 수 있는 분이라는 것을 믿었기 때문입니다.

"주께서는 주의 크신 긍휼로 그들을 광야에 버리지 아니하시고 낮에는 구름 기둥이 그들에게서 떠나지 아니하고 길을 인도하며 밤에는 불 기둥이 그들이 갈 길을 비추게 하셨사오며 또 주의 선한 영을 주사 그들을 가르치시며 주의 만나가 그들의 입에서 끊어지지 않게 하시고 그들의 목마름을 인하여 그들에게 물을 주어 사십 년 동안 들에서 기르시되 부족함이 없게 하시므로 그 옷이 해어지지 아니하였고 발이 부르트지 아니하였사오며" _느헤미야 9:19-21

만나가 입에서 떨어지지 아니하고 물을 주님께서 늘 주셨으며, 옷이 낡아지지 아니하고 신발이 떨어지지 아니하고 발이 부르트지 않았다고 말씀하는 섯입니다. 이것은 인간으로서는 상상을 초월한 일입니다. 크고 비밀한 역사인 것입니다.

신약시대에도 그런 역사가 늘 일어났습니다. 예수님이 가나의 혼인 잔치에 가셨을 때 일입니다. 혼인 잔치가 한창 무르익을 때 포도주가 떨어졌습니다. 예수님의 어머니 마리아가 예수께 "이 집에 포도주가 떨어졌다"라고 했습니다. 예수님께서는 한참 만에 종들을 불러서 "돌항아리 여섯 개에 물을 가득히 채우라"고 했습니다. 종들이 물을 가득히 채웠습니다. 예수님은 떠서 연회장에게 갖다 주라고 했습니다. 연회장이 보니까 물이 변하여 포도주가 된 것입니다요 2:1-10. 주님께서는 상상을 초월한 크고 비밀한 역사를 베풀어 주신 것입니다. 우리는 알지 못해요. 우리가 어떻게 그 문제를 해결하겠습니까? 잔치에 포도주가 떨어졌으니 낭패이지 않습니까? 어찌할 바를 몰랐지만, 우리가 알지 못하는 크고 비밀한 일을 주님께서는 가지고 계신 것입니다.

여러분, 이스라엘 백성이 예수님을 따라서 벳새다 광야에 가서 온종일 말씀을 듣고 병 고침을 받고 오후에 지치고 피곤하고 굶주렸습니다. 어찌할 바를 몰랐습니다. 그럴 때 주님은 어떻게 할지를 알고 있으면서 빌립을 시험했다고 말씀하고 있습니다. "빌립아, 어디에서 떡을 구하여 이 사람들을 먹일까?" 빌립은 도저히 알지 못하겠거든요. 그래서 빌립은 뭐라고 말했습니까? "떡을 조금씩 나누어 주려고 해도 3백 데나리온이 필요한데 그 돈도 없거니와 떡 살 곳도 없습니다." 빌립은 할 수 없다고 말하는 것입니다. 그러나 안드레가 보리떡 다섯 개와 물고기 두 마리를 가져오니 주님은 그것을 축사하시고 사람들에게 나눠 주십니다. 남자만 5천 명 부녀자 2만 명을 먹이고 열두 바구니가 남게 한 크고 비밀한 역사를 베풀어 주신 것입니다 요 6:5-13.

"너희가 내 이름으로 무엇을 구하든지 내가 행하리니 이는 아버지로 하여금 아들로 말미암아 영광을 받으시게 하려 함이라"_요한복음 14:13

저는 전에 대북臺北, Taipei 시장으로 계셨던 분과 친분이 깊었습니다. 그래서 제가 대북을 방문하게 되면 그분이 집무하는 시장실에 가서 함께 기도회를 하고 이야기도 나눴습니다. 하루는 저에게 이런 말을 해 주셨어요. "한번은 대북 여름철에 굉장한 폭풍우가 불어와서 그만 댐이 터져 버렸습니다. 그래서 대북시 북쪽 일대에는 수돗물이 다 끊기고 큰 낭패에 처했습니다. 빨리 복구하라는 성화같은 시민들의 소리에 시장인 제가 직접 나가서 천막에 거하면서 열심히 불도저를 동원해 임시로 댐을 쌓았습니다. 그래서 물이 점점 차기 시작하는데 기상청에서 이전보다 더 큰 태풍이 다가온다는 거예요. 이거 큰일이지 않습니까? 이제 겨우 댐을 쌓아서 물이 고이기 시작했는데 태풍이 와서 댐이 다시 터지면 대북시 전체에 수도 공급이 중단되는 것입니다." 이야기를 들려주시는 시장님의 목소리에서 그때의 다급함이 느껴졌습니다. 시장님은 기상청 이야기를 듣고 천막에 들어가서 엎드려 기도했다고 합니다. "하나님, 나는 온 힘을 다했으나 이제 또 태풍이 와서 홍수가 나면 댐이 터질 것입니다. 나는 도저히 할 수 없습니다. 하나님, 나를 도와주세요." 이렇게 천막에서 막 부르짖고 나니까 마음속에서 갑자기 음성이 들려오더랍니다.

"너는 내가 시키는 대로 해라. 그러면 내가 태풍이 안 오게 해주겠다. 신문기자들을 불러서 내게 기도하면 태풍이 오다가 다른 데로 갈 거라고 공개적으로 선포하라!"

"아이고, 하나님! 시장이 그런 말을 했다가는 큰일 납니다. 비과학적이라고 사람들이 비난할 것인데 어떻게 그렇게 합니까?"

"그러면 태풍이 와서 때릴 것이다."

그래서 고민하고 또 고민하다가 그분은 신문기자들을 불렀습니다. 그곳에 참석한 신문기자들이 질문을 합니다.

"시장님! 태풍이 또 불어온다고 기상청에서 발표를 했는데 이거 큰일이지 않았습니까? 어떠한 대책을 세우고 있습니까?"

그 질문에 시장님은 가슴을 딱 펴고서 기자들을 향해 당당하게 이야기했다고 합니다.

"태풍은 절대로 우리 대만을 때리지 않습니다."

"그걸 시장님이 어떻게 아십니까?"

"내가 기도할 때 하나님께 계시를 받았습니다."

기자들이 전부 다 웃었고 신문에 대서특필했습니다. '시장이 미쳐서 기도로 태풍을 물리친다고 했다.' 이렇게 그분은 조롱거리가 되었습니다. 그런데 실제로 태풍은 자꾸 불어와서 그날 저녁에는 대만 가까이 왔습니다. 시장님은 얼마나 가슴이 타는지 하나님께 엎드려 "하나님, 주께서 기자들에게 태풍이 대만에 오지 않을 거라는 말을 하라고 하셔서 제가 그대로 했고, 온 대만 기자들이 그 내용을 다 적어서 신문에 실었습니다. 하나님, 이 일이 잘못되면 제가 막심한 창피를 당하게 되는데 태풍이 다가오고 있으니 이 일을 어떻게 합니까? 주님, 돌보아 주시옵소서"라고 기도했는데 태풍이 대만 해협까지 왔다가 갑자기 방향을 바꾸어서 다른 데로 가버렸습니다. 그래서 모든 사람이 시장이 믿는 하나님이 정말 살아 계신다고 감탄을 했다는 것입니다. 그 시장님은 나중에 대만 총통이 되셨습니다.

여러분, 우리가 모든 것을 다 이해할 수는 없습니다. 인생을 살아가면서 우리에게 다가오는 수많은 어려움이 있을 때 우리가 할 수 있는 일은 하나님께 부르짖는 기도뿐입니다. 기도 외에는 아무것도 없습니다. 우리가 알지 못하는 크고 비밀한 일은 하나님이 하시는 것입니다. 우리 하나님이 하나님이신 것은 우리가 알지 못하는 크고 비밀한 일의 열쇠를 가지고 계신다는 것입니다. 우리가 얻지 못하는 것은 기도하지 않았기 때문이라고 말씀했습니다약 4:2. 기도하면 하나님은 우리의 상상을 초월해서 우리가 알지 못하는 크고 비밀한 일을 나타내 주시는 것입니다.

이미 세상에 안 계시지만, 6·25 전쟁 때 일선에서 싸운 장군 한 분이 저에게 그런 이야기를 했습니다. 자기가 포위되어서 병사들은 다 떠나 버리고 도저히 이제는 살아갈 길이 없어서 사흘 동안 적진 가운데서 엎드려 있었다고 합니다. 적진이 다 둘러싸여 있고 자기는 그 적진을 넘어서 한국으로 올 수가 없어서 주님께 부르짖어 기도하며 살려 달라고 하니까 "너는 내일 밤 11시에 출발하라"는 음성이 들렸다는 것입니다. 우리가 어려움이 처했을 때 하나님께서는 우리가 알지 못하는 크고 비밀한 일을 보여 주시는 것입니다. 그리고 말씀하신 밤 11시가 되니까 바람이 얼마나 거세게 부는지 바람 소리에 사람이 기어가는 소리가 안 들리는 거예요. 바로 눈앞에 적군이 기관총을 가지고서 노려보고 있는데 그 앞을 기어가도 바람 소리 때문에 기어가는 소리가 안 들려서 그 장군은 피신해 나왔다고 했습니다. 하나님의 도우심이 아니면 살아올 수 없었는데, 하나님의 도움으로 이렇게 살아서 이곳에 있다고 했습니다. 우리가 어려울 때는 여러분, 하나님께 부르짖어 기도해서 하나님이 크고 비밀한 일을 보여 주시기를 기대해야 하는 것입니다.

우리는 어떻게 할 것인가

우리는 감방에 갇힌 예레미야처럼 우리의 무력함을 인정해야 합니다. 우리가 나는 내 힘으로, 내 인간의 지혜로, 수단으로, 방법으로 할 수 있다고 자기를 의지하면 하나님이 도와주지 않으십니다. 자기가 얼마나 무능력하고 무력한지 알고 그것을 인정하고 하나님을 의지해야 하는 것입니다.

유다 왕 여호사밧 재임 당시에 적군의 연합군이 갑자기 물결치듯이 쳐들어왔습니다. 여호사밧은 갑자기 적군이 쳐들어오니 도저히 이를 막을 도리가 없었습니다. 그래서 그는 모압과 연합군이 유다를 침공했을 때 백성에게 금식을 선포하고 성전 뜰에 모여서 이렇게 기도했습니다. "이 큰 무리를 우리가 대적할 능력이 없고 어떻게 할 줄도 알지 못하옵고 오직 주만 바라보나이다. 주여, 도와주소서. 우리가 대적할 능력도 없고 어찌할 줄도 알지 못하오니 주만 바라옵니다. 주여, 도와주시옵소서." 이게 우리의 기도가 되어야 하는 것입니다.

제가 신학교를 졸업하고 개척을 나가라고 하는데, 어디로 가야 할지를 몰랐어요. 그래서 매일 채플실에서 찬송한 것이 '어찌해야 좋을지 나는 알 수 없도다'라는 찬송입니다. 늘 그 찬송만 하고 눈물을 줄줄 흘리는데, 나중에 보니까 주님께서 불광동으로 인도해서 천막 교회를 하게 하셨습니다. 우리는 어찌할 수 없습니다. 어찌할 줄 몰라도 하나님께 부르짖어 기도하면 크고 비밀한 일은 하나님이 알고 계신 것입니다.

"내가 여호와야훼를 기다리고 기다렸더니 귀를 기울이사 나의 부르짖음을 들으셨도다 나를 기가 막힐 웅덩이와 수렁에서 끌어올리시고 내 발을 반석 위에 두사 내 걸음을 견고하게 하셨도다"_시편 40:1-2

미국의 16대 대통령 에이브러햄 링컨Abraham Lincoln은 참으로 위대하고 훌륭한 대통령이 아닙니까? 그는 가난한 집에 태어나서 정

규 교육도 못 받았습니다. 그가 받은 교육이라고는 어머니 무릎에서 성경을 통해 받은 교육이 전부였습니다. 하지만 그는 진실로 하나님을 의지하는 훌륭한 대통령이었습니다. 당시 가장 인기를 누렸던 에드워드 머독James Edward Murdoch이라는 배우가 링컨 대통령의 초청을 받아서 백악관에서 하루 저녁 자게 되었는데 밤중에 잠을 깨보니 대통령 집무실에서 무슨 소리가 자꾸 들리는 것입니다. 그가 잠옷 바람으로 살살 걸어 내려가서 대통령 집무실을 열어 보니까 링컨 대통령이 꿇어앉아서 머리를 조아려 기도하고 있는 것입니다. "하나님 아버지여, 미국을 축복하여 주시고 미국 국민에게 하나님의 은총이 임하게 해 주시옵소서. 그리고 주님 아시다시피 저는 무능하고 무력하고 아무것도 할 줄 모르는 사람이 아닙니까? 저같이 무능하고 무력한 사람을 대통령으로 삼으셨으니 주님이 성령의 능력으로 저를 붙들어 주시옵고 하나님의 능력을 주셔서 저로 하여금 미국 국민의 올바른 지도자가 되게 해 주시옵소서." 이렇게 기도를 하고 있더랍니다. 그래서 에드워드 머독이 나중에 신문기자를 만나서 한 말이 있습니다. "우리나라는 행복하다. 에이브러햄 링컨 같은 기도하는 대통령이 우리에게 있는 이상 우리 미국은 축복을 받을 것이고, 아무것도 겁날 것이 없다." 이와 같은 기사를 읽어 보았습니다. 내가 할 수 있다고 자신만만할 때는 교만하고 오만해서 수렁에 빠지게 되지만, 하나님 앞에서 나의 무력함을 솔직히 고백하고 하나님의 도움을 간절히 간청할 때는 하나님이 크신 능력으로 우리를 붙들어 주시는 것입니다.

드와이트 라이먼 무디Dwight Lyman Moody 목사님은 세계가 아는 위대한 부흥사입니다. 한 번은 아침에 일어나니까 시카고에 밤새도록 진눈깨비가 내려서 공원 전체가 빙판이 되었습니다. 딸이 깡충 깡충 뛰면서 "아빠, 아빠, 공원으로 놀러 가. 공원으로 놀러 가"라고 하는 것입니다.

"딸아, 미끄러운데 괜찮겠니?"

"아, 문제없어. 아빠 문제없어."

"그럼 아빠가 내가 널 잡아 주마."

"아빠, 싫어. 안 잡아줘도 내가 걸어갈 수 있어."

그러나 딸은 얼마 못 가서 빙판에 와장창 넘어져서 엉덩방아를 찧고 '으앙' 하고 울었습니다. 그래서 아버지가 그 솥뚜껑 같은 손으로 덥석 잡으면서 말했습니다.

"딸아, 내가 잡아 주겠다고 하지 않았니? 자, 이제 잡아 줄게."

"아니야, 아니야, 손가락 하나만 잡아."

그래서 할 수 없이 손가락 하나만 잡았어요. 하지만 얼마 못 가서 또 와장창 넘어지면서 잡고 있던 손가락마저 빠지니까 또 엉덩방아를 찧고는 울기 시작합니다.

"그것 봐라. 아빠가 잡아 주겠다는데 왜 손가락 하나만 내놓느냐?"

그때부터 아빠가 손을 덥석 잡으니까 가다가 미끄러지려고 하면 달랑 매달리고, 미끄러지려고 하면 달랑 매달리면서 넘어지지 않았다고 했습니다.

여러분, 저는 이 이야기를 읽으며 우리 하나님 아버지와 같다고 생각했습니다. 우리 하나님께서 "내가 네 손을 잡아주마"라고 말씀하실 때, "아니요, 괜찮아요. 안 잡아줘도 돼요. 나 스스로 할 수 있어요"라고 한다면 넘어지는 것입니다. 하나님을 의지했으면 하나님이 붙잡아 주셨을 텐데 어떤 사람은 "하나님, 손가락 하나만 잡아 주세요. 뭐 많이 잡아 줄 필요 없습니다. 그냥 손가락만 잡아 주세요"라고 하다가 넘어지잖아요. 전적으로 하나님께 맡겨야 합니다. 그래서 성경은 "네 길을 여호와야훼께 맡기라 그를 의지하면 그가 이루시고 네 의를 빛 같이 나타내시며 네 공의를 정오의 빛 같이 하시리로다"시 37:5-6라고 말씀하신 것입니다. 그러므로 우리는 우리의 힘으로는 도저히 살아갈 수 없다는 것을 인정해야 하는 것입니다.

그리고 또 우리가 인정해야 할 일은 모든 일이 하나님의 것이니

하나님께 부르짖어서 하나님이 일을 이루어 주시도록 해야 한다는 것입니다. 일이 하나님의 것이요. 일의 주인이 하나님의 것이니 하나님께 부르짖어야 합니다. 무엇을 먹을까, 무엇을 입을까, 어떻게 살까 하는 것도 하나님의 일이요, 인생을 살아가는 모든 일이 다 하나님의 것이니 일을 내가 맡아서 자꾸 하려고 하지 말고 하나님 손에서 일을 빼앗아서 내가 엉망을 만들어 놓지 말고 하나님께 다 내어 맡기고 기도하면 하나님이 우리를 인도하여 주시는 것입니다.

> "그가 내게 간구하리니 내가 그에게 응답하리라 그들이 환난 당할 때에 내가 그와 함께 하여 그를 건지고 영화롭게 하리라 내가 그를 장수하게 함으로 그를 만족하게 하며 나의 구원을 그에게 보이리라 하시도다"
> _시편 91:15-16

영국의 유명한 목사였던 찰스 스펄전Charles Haddon Spurgeon은 말하기를 "기도는 아래서 줄을 당겨 하늘 위에 있는 큰 종을 하나님 귀밑에서 울리는 것과 같다"라고 했습니다. 하나님 귀밑에 종을 갖다 놓고 그 밑에 있는 기도의 줄을 잡아당기면 하나님 귀에 땡그랑, 땡그랑, 땡그랑, 땡그랑 소리가 들리니까 하나님이 주무실 수 없잖아요. 스펄전 목사님이 계속 이어서 말합니다. "그런데 어떤 사람들은 이 줄을 그냥 느슨히 잡고 한 번 당기다가 그만둡니다. 그러니 땡그랑 하다가 마는 거죠. 또 다른 사람은 아예 줄을 당기지도 않습니다." 여러분, 우리는 하나님께 기도하면서 이 줄을 힘껏 잡고 계속 당겨야 해요. 계속 당겨야 해요. 하나님이 시끄러워서 견딜 수가 없게요. 그래서 "그만! 그만! 그만! 내가 응답해 줄게. 응답해 줄게"라고 할 정도로 부르짖으라는 것입니다. 여러분의 기도는 하나님 귀밑에서 울리는 종소리와 같습니다. 그러므로 여러분이 간절히 부르짖으면 하나님은 반드시 여러분의 기도를 들으시는 것입니다.

16세기 종교 개혁자 존 낙스는 기도의 사람이었습니다. 당시 영국의 메리 여왕은 열렬한 가톨릭 신자로서 수많은 개신교 지도자와 성도들을 처형하고 화형 시켜 피의 여왕으로 불렸습니다. 그런데 스코틀랜드의 영적 지도자인 존 낙스는 이 메리 여왕과의 대결에서 기도를 했습니다. 메리 여왕은 스코틀랜드 전역의 개신교 신자를 다 죽이라는 명령을 내렸습니다. 그날 밤에 존 낙스는 자기 서재에 들어가서 피를 토하는 심정으로 주님께 부르짖어 기도했습니다. "하나님이여, 스코틀랜드를 내게 주시옵소서. 그렇지 않으면 내 생명을 거두어 주시옵소서. 하나님이 간섭 안 하면 메리 여왕이 스코틀랜드의 개신교 신자들을 다 죽일 터인데 스코틀랜드를 내게 주시든지 내 생명을 거두어 가십시오"라며 피를 토하는 기도를 드려 하나님이 응답하셨습니다. 메리 여왕이 갑자기 중병에 걸려서 죽게 된 것입니다. 메리 여왕이 죽을 때 유언으로 넘긴 말이 있습니다. "한 사람인 존 낙스의 기도가 백만의 대군보다 나는 더 무섭다." 존 낙스의 기도 때문에 스코틀랜드가 멸망하지 않고 개신교 신자들이 목숨을 건지고 종교개혁을 이룰 수가 있었던 것입니다. 그러므로 여러분, 우리의 피맺힌 기도는 반드시 하나님이 응답하여 주십니다.

우리가 절망의 동굴에 들어갈 때 거기에 앉아서 '이 동굴이 어떻게 터널이 될 수 있을까? 내가 생각하기에는 도저히 갈 길이 없어 보이는데 어떻게 하라는 거지?' 그렇게 자꾸 갸우뚱거리면 안 됩니다. 요셉이 '어떻게 내가 애굽의 총리가 될 수 있을까? 내가 지금 종으로 팔려서 보디발의 집에 들어가 있는데, 또 내가 지금 감옥에 들어가서 3년 동안이나 있는데, 내가 어떻게 하나님 말씀대로 될 수 있을까?'라고 의심하지 않았습니다. 그러므로 우리도 자꾸 의심하고 궁리하지 말아야 합니다. 무조건 믿어야 하는 것입니다.

"또 하나님이 누구에게 맹세하사 그의 안식에 들어오지 못하리라 하셨느냐 곧 순종하지 아니하던 자들에게가 아니냐 이로 보건대 그들이

믿지 아니하므로 능히 들어가지 못한 것이라"_히브리서 3:18-19

우리 예수 믿는 사람은 하나님의 말씀을 무조건 믿어야 합니다. 저 하늘이 무너지고 이 땅이 꺼져도 주의 말씀은 일점일획一點一劃도 변함이 없습니다. 살든지 죽든지 흥하든지 망하든지 성하든지 쇠하든지 운명을 내던져 하나님 말씀을 믿어야 하는 것입니다. 어떠한 좌절과 절망 속에서도 하나님을 믿으면 하나님이 기적을 행하시는 것입니다.

"예수께서 이르시되 내 말이 네가 믿으면 하나님의 영광을 보리라 하지 아니하였느냐 하시니"_요한복음 11:40

미국의 세계적인 부호였던 록펠러John Davison Rockefeller는 처음에 친구들 꼬임에 빠져서 금이 나오지 않는 광산을 금이 나올 거라는 말을 믿고 있는 돈을 다 끌어모아서 샀습니다. 그러나 아무리 파도 돌멩이 밖에 안 나왔어요. 금은 안 나오고 탕진가산蕩盡家産하고 이제는 일꾼들에게 월급도 줄 수 없었습니다. 너무나 좌절했습니다. 그는 하나님께 부르짖어 기도했습니다. "하나님 아버지여, 나는 예수 믿는 첫날부터 십일조를 꼭 드렸고 반드시 성수 주일을 했습니다. 한 번도 주일을 어긴 적이 없고 십일조를 떼먹은

적도 없이 주님을 섬겨 왔는데 이 일이 웬 말입니까? 내가 친구들의 꼬임에 빠져 폐광을 사서 돌멩이만 나오고 금덩어리는 안 나오는데 어떻게 합니까?" 그렇게 기도를 하니까 마음속에 하나님께서 "조금 더 파라"고 하시는 것입니다. "이제는 팔 여력이 없습니다. 아무리 봐도 금이 나올 가능성은 없어 보입니다"라고 하니 "의심을 극복하고 내가 시키는 대로 좀 더 파라"고 말씀하셔서 그가 빚을 내어 폐광을 더 판다고 하니까 모든 주위 사람이 "이제 완전히 미쳤구나! 환장했다. 망하려고 하는 건가? 사람이 영 돌았다"라고 하는 것입니다. 그래도 그는 하나님 말씀을 믿고 조금 더 파 들어가 보니 나오라는 금은 안 나오고 시꺼먼 물줄기가 솟아오르는데 자세히 보니까 석유가 나오기 시작한 것입니다. 그 폐광이 바로 석유 광이었던 것입니다. 금이 나오는 게 아니라 시꺼먼 석유가 막 분수처럼 솟아올라서 록펠러는 석유 재벌이 되고 그로 말미암아 미국 최대의 부자가 된 것입니다. 절망의 동굴을 하나님은 축복의 터널로 변화시켜 주신 것입니다.

여러분, 우리가 먼저 그 나라와 그 의를 구하고, 주님 중심으로 살면 사기당했다고 생각하는 것조차도 합력하여 선을 이루게 해 주시는 것입니다. 하나님이 하시는 일은 우리가 알지 못하는 크고 비밀한 일을 하시기 때문에 우리가 하나님께 맡겨 놓으면 하나님이 알아서 일해 주시는 것입니다.

"사람이 감당할 시험 밖에는 너희가 당한 것이 없나니 오직 하나님은 미쁘사 너희가 감당하지 못할 시험 당함을 허락하지 아니하시고 시험 당할 즈음에 또한 피할 길을 내사 너희로 능히 감당하게 하시느니라"_고린도전서 10:13

그러므로 여러분, 깜짝 놀랄 기적을 하나님이 보여 주실 것을 늘 기대하고 기도하십시오. 우리가 어려움에 부닥칠 때 하나님께 간절히 기도하면 우리의 기도를 들으시고 우리가 알지 못하는 크고 비밀한 기적을 베풀어 주실 것을 마음에 기대해야 하는 것입니다. 사람의 힘으로는 할 수 없지만, 하나님은 할 수 있습니다. 그러므로 하나님이 깜짝 놀랄 기적을 베풀어 주실 것을 우리가 믿어야 하는 것입니다.

"예수께서 그들을 보시며 이르시되 사람으로는 할 수 없으나 하나님으로서는 다 하실 수 있느니라"_마태복음 19:26

유다의 히스기야 왕이 앗수르의 산헤립 왕에게 포위를 당하고 예루살렘이 함락되게 되었습니다. 도저히 이겨 나갈 도리가 없어요. 대 군대를 당할 도리가 없습니다. 그래서 히스기야는 선지자 이사야에게 부탁해서 하나님께 간절히 부르짖어 기도했습니다. 인간으로서는 알 수가 없습니다. 그 많은 앗수르의 산헤립이 거느린 대 군대가 어떻게 물러갈 수 있겠습니까? 예루살렘이 산헤립 손에 넘어가게 된 것입니다. 그러나 주님께 부르짖어 기도했습니다. 그렇게 간절히 기도하니 놀라운 일이 벌어졌습니다. 산헤립이 자고서 일어나 보니 자기 군사 18만 5천 명이 하루 저녁에 모두 송장이 되었습니다. 그 밤에 하나님께서 유행병을 돌게 해서 18만 5천 명이 다 죽고 뻣뻣한 송장이 된 것입니다. 도저히 상상할 수 없는 크고 비밀한 일이 일어난 것입니다. 그래서 그는 얼굴이 떨떠름해져서 고향으로 돌아가고 히스기야는 승리를 얻었습니다.

그다음 또 보면 히스기야가 병들어 죽게 되었습니다. 이사야가 와서 "당신은 이제 죽고 살지 못할 터이니 가산을 정리하라"고 말했습니다. 히스기야가 벽을 향하여 통곡하며 기도했습니다. "하나님이여, 내가 하나님께 충성하고 헌신하고 열심히 한 것을 기억하옵소서. 제발 기억하옵소서." 그러니까 하나님이 히스기야에게 복을 주시기 위해서 이사야에게 말씀했습니다. "네가 들어가서 내 종 히스기야에게 말하기를 내가 너의 생명을 15년 동안 연장해 주겠다. 그리고 이 성을 보호해 주고 복을 내려 주겠다 하라." 이사야는 이 말을 히스기야에게 전했습니다사 38:1-6. 여러분, 우리가 눈물로 기도하면 하나님께서 우리의 운명을 바꾸어 주십니다.

우리의 인생 경로에는 예레미야처럼 너무나 답답한 마음의 감옥에 갇힐 때가 종종 있습니다. 속수무책입니다. 앞으로도 갈 수 없고 뒤로도 갈 수 없고 우측으로도 좌측으로도 갈 길이 없는 감옥에 갇힌 심정이 될 때가 있습니다. 사면이 막힌 벽이요, 나갈 길이 전혀 보이지 않습니다. 그때는 우리는 절망할 수밖에 없는데, 절망하면 안 됩니다. 여러분, 하나님께서 예레미야에게 하신 말씀은 오늘날 우리에게 똑같이 하시는 말씀입니다. 왜냐하면 전지전능全知全能, 무소부재無所不在하신 하나님이 함께 계시면 크고 비밀한 역사가 일어날 수 있기 때문입니다. "일을 행하시는 여호와야훼, 그것을 만들며 성취하시는 여호와야훼, 그의 이름을 여호와야훼라 하는 이가 이와 같이 이르시도다 너는 내게 부르짖으라 내가 네게 응답하겠고 네가 알지 못하는 크고 은밀한 일을 네게 보이리라"렘 33:2-3라고 말씀하십니다. 해답은 우리의 기도와 하나님의 크고 비밀한 방법에 있는 것입니다. 그러므로 기도하는 개인은 망하지 않습니다. 기도하는 국가는 망하지 않습니다. 왜냐하면, 하나님이 오늘날도 우리가 알지 못하는 크고 비밀한 역사를 베풀어 주시기 때문입니다.

기도

사랑이 많으시고 거룩하신 하나님 아버지, 일을 행하는 여호와야훼, 그 일을 지어 성취하는 여호와야훼, 하나님은 일을 하시는 하나님이 아니십니까? 우주와 만물을 짓고 인생사 모든 일은 하나님의 일이요, 인간을 구원하시는 역사도 하나님의 일입니다. 우리는 믿고 의지하고 하나님께서 시키시는 일을 따라 하면 되는 것입니다.

하나님 아버지여, 하나님께서 우리를 깨닫게 하기 위해서 예레미야처럼 시위대 감옥 뜰에 갇힐 때가 얼마나 많습니까? 우리 인간의 수단과 방법으로 그 일을 해결하려고 하지 말게 해 주시옵소서. 속수무책으로 갇힐 때는 기도하는 길밖에 없지 않습니까? 우리가 할 수 있는 최대의 길이 기도라는 것을 알게 도와주시옵소서. 첫째도 기도, 둘째도 기도, 셋째도 기도. 매일매일 기도하고 부르짖으면 하나님의 오른팔의 능력이 나타나서 우리를 위해서 일하시는 것을 깨달아 알게 하여 주시옵소서. 예수님 이름으로 기도합니다. 아멘.

요약

1. 일을 행하시고 성취하시는 여호와_{야훼}

여호와_{야훼}께서 모든 일을 행하시므로 우리가 해야 할 일은 무엇보다도 하나님께 부르짖어 기도하는 것입니다. 우리를 향하신 하나님의 뜻은 하나님이 이미 다 이루어 놓으신 일들을 우리가 누리며 사는 것입니다.

2. 하나님의 명령

우리는 하나님이 하시는 일을 전부 이해하고 알 수 없습니다. 그러므로 문제 앞에서 하나님을 이해하는 것이 아니라 무조건 그 능력을 믿어야 합니다. 오직 믿음으로 부르짖으며 기도할 때 우리가 알지 못하는 역사를 하나님께서 베풀어 주십니다.

3. 우리는 어떻게 할 것인가

인간의 지혜와 방법으로 할 수 있다고 생각하면 하나님의 도움이 임하지 않습니다. 인간이 하나님 앞에 무력하다는 것을 깨닫고 기도로 의지하면 하나님께서 인간의 생각을 초월하여 역사해 주십니다.

그러므로 너희는 이렇게 기도하라
하늘에 계신 우리 아버지여 이름이 거룩히 여김을 받으시오며
나라가 임하시오며 뜻이 하늘에서 이루어진 것 같이
땅에서도 이루어지이다 오늘 우리에게 일용할 양식을 주시옵고
우리가 우리에게 죄지은 자를 사하여 준 것 같이
우리 죄를 사하여 주시옵고 우리를 시험에 들게 하지 마시옵고
다만 악에서 구하시옵소서
(나라와 권세와 영광이 아버지께 영원히 있사옵나이다 아멘)
마태복음 6:9-13

주께서 가르치신 기도(Ⅰ)

2004년 3월 21일

주께서 가르치신 기도(Ⅰ)

<2004년 3월 21일>

　저는 오늘 여러분과 함께 '주께서 가르치신 기도'라는 제목으로 말씀을 나누겠습니다. 기도는 성도의 영적인 호흡입니다. 숨 쉬지 않으면 육체가 죽는 것처럼 기도하지 아니하면 영적으로 질식하고 맙니다. 그러나 우리는 매일 기도하면서도 어떻게 해야 기도를 잘 할 수 있는지 모릅니다. 유창하게 말하는 기도가 결코 잘하는 기도는 아닙니다. 기도에는 올바른 순서가 있고 내용이 있어야만 합니다. 바로 그것을 주님께서 가르쳐 주고 계십니다. 우리는 기도할 때 먼저 하나님께 예배드리고 하나님의 관심사로 기도를 시작해야 하는데 급하다고 내 관심사부터 하나님께 응답해 달라고 부르

짖습니다. 그러나 하나님은 먼저 하나님을 경배하고 하나님의 마음속에 있는 그 관심사를 우리가 기도하길 간절히 원하십니다.

하늘에 계신 우리 아버지여

예수님은 "하늘에 계신 우리 아버지여"마 6:9 하고 기도를 시작하라고 하십니다. 하늘은 땅에서 우러러봐야 합니다. 하나님이 '하늘에 계신 우리 아버지'라는 것은 하나님을 항상 우러러보고 경배하고 두려워하는 마음을 갖고 기도하라는 것입니다. 간혹 하나님을 가볍게 생각하거나 하나님을 무시하는 듯한 태도로 기도할 때가 있습니다. 그러나 그렇게 하면 안 됩니다. 하나님을 두려워하고 경배하고 기뻐하는 그러한 마음 자세를 가져야 합니다.

"여호와야훼를 경외함으로 섬기고 떨며 즐거워할지어다"_시편 2:11

공자는 군자가 두려워해야 할 것이 세 가지가 있다고 합니다. 천명天命을 두려워하고, 대인을 두려워하고, 성인의 말씀을 두려워해야 한다고 말했습니다. 그러나 "소인은 천명을 알지 못하여 두려워하지 않고 대인을 존경하지 않으며 성인의 말씀을 업신여긴다"라고 말했습니다. 사물의 본질을 올바르게 알게 되는 출발점은 하나님을 경외하는 것입니다. 하나님이 지혜와 지식과 묘략과 재능과 총명의 근본이 되시기 때문입니다. 하나님 아버지를 경배하고 하나님 앞에 무릎을 꿇을 때 우리는 모든 사물을 올바르게 판단하고 살아갈 수 있는 지혜와 지식과 총명과 묘략과 재능을 얻을 수가 있는 것입니다. 사람이나 환경을 보고 두려워하지 말고 하나님만 두려워하고 그 외의 그 무엇도 두려워하지 않는 것이 참된 신앙의 이치입니다. 그러므로 "하늘에 계신 우리 아버지여"라고 기도할 때 하나님과 우리의 관계는 아버지와 자식의 관계인 것입니다. 우리 아버지라는 것은 우리 생명의 원천이심을 고백하는 것입니다. 아버지가 없으면 우리는 생겨나지도 않았다는 것입니다.

"그가 내게 부르기를 주는 나의 아버지시요 나의 하나님이시요 나의 구원의 바위시라 하리로다"_시편 89:26

"그러나 우리에게는 한 하나님 곧 아버지가 계시니 만물이 그에게서 났고 우리도 그를 위하여 있고 또한 한 주 예수 그리스도께서 계시니 만물이 그로 말미암고 우리도 그로 말미암아 있느니라"_고린도전서 8:6

"영접하는 자 곧 그 이름을 믿는 자들에게는 하나님의 자녀가 되는 권세를 주셨으니 이는 혈통으로나 육정으로나 사람의 뜻으로 나지 아니하고 오직 하나님께로부터 난 자들이니라" _요한복음 1:12-13

그러므로 우리는 하나님 아버지가 우리 생명의 원천이심을 고백해야 합니다. "하늘에 계신 우리 아버지시여, 우리는 주에 의해서 태어났고, 주를 위해서 태어났고, 주를 섬기기 위해서 태어난 자녀입니다"라고 우리의 존재 이유를 사실 그대로 고백해야만 하는 것입니다. 그리고 "하늘에 계신 우리 아버지여"라고 우리가 기도할 때 하나님은 우리를 돌보아 주시는 분이라는 것을 고백하는 것입니다. 아버지가 자식을 돌보지 아니하면 어느 누가 돌보아 주겠습니까? 자식이 부모를 위해서 재산을 쌓아 놓은 것이 아니라 부모가 자식을 위해서 재물을 쌓아 놓는다고 성경은 말씀하고 있습니다고후 12:14. 그러므로 "하늘에 계신 우리 아버지여"라고 하는 것은 아버지가 우리를 돌보아 주신다는 것을 고백하는 것입니다.

또한 아버지께 순종하는 착한 자식은 잘 보호해 주시고 오만하고 교만한 자식은 징계해서 깨어지게 하는 친아버지를 말씀하고 있습니다. 하나님 아버지는 위엄과 사랑이 넘치는 분입니다. 그러므로 우리 아버지, 우리를 돌보아 주시고 위엄과 넘치는 사랑으로 길러 주시는 이 놀라운 하나님과 우리의 관계를 우리는 기도할 때

마다 고백하고 나가야만 하는 것입니다.

"너희 모든 성도들아 여호와야훼를 사랑하라 여호와야훼께서 진실한
자를 보호하시고 교만하게 행하는 자에게 엄중히 갚으시느니라"_시편
31:23

"주의 존귀하고 영광스러운 위엄과 주의 기이한 일들을 나는 작은 소
리로 읊조리리이다"_시편 145:5

"여호와야훼는 은혜로우시며 긍휼이 많으시며 노하기를 더디 하시며
인자하심이 크시도다"_시편 145:8

저는 오래전에 좌절감에 깊이 빠진 분과 신앙 상담을 한 적이
있습니다. 그분은 내게 와서 이렇게 말을 했습니다. "목사님! 저는
천한 사람입니다. 저는 교육도 많이 받지 못했고 가문도 별로 좋
지 않습니다. 부모님께 받은 상속도 없고 몸도 건강하지 못합니다.
저는 항상 열등의식과 좌절감과 자학 속에서 살아왔습니다. 하나
님께서 이런 천한 저에게 무슨 복을 주시겠습니까?" 그래서 저는
그분의 이야기를 듣고 다음과 같은 이야기를 해 주었습니다.
　어느 시카고 한 호텔에 노신사가 접수원과 이야기를 하고 있었

습니다. "여보시오. 이 호텔에서 제일 값이 싼 방으로 안내해 주세요." 그런데 이 말을 들은 접수원이 그 노신사를 보는 순간 그만 깜짝 놀랐습니다. 이 노신사는 다름 아닌 당대의 유명한 거부 록펠러였기 때문입니다. 이 접수원은 "아니, 당신은 록펠러씨가 아닙니까?"라고 묻자 노신사는 그렇다고 대답했습니다. 그러자 이 접수원은 "아니, 당신의 아들은 우리 호텔에 오면 언제나 제일 비싼 방을 구하는데 어떻게 당신은 제일 싼 방을 구하십니까?"라고 물었습니다. 그러자 록펠러는 안경 너머로 접수원을 가만히 쳐다보더니 이렇게 이야기합니다. "그거야, 내 아들에게는 나 같은 부자 아버지가 있지만, 나에게는 그런 아버지가 없답니다."

저는 록펠러의 이야기를 들려준 후 "형제님은 자신을 비천하다고 생각하지만, 당신 아버지가 얼마나 부자인 줄 알고 있습니까?"라고 말했습니다. 그러자 "아니, 우리 아버지가 부자라고요? 말도 안 되는 소리 하지 마세요." 그래서 "형제님은 예수님을 믿습니까?"라고 물었죠. 그랬더니 "네. 믿습니다"라고 대답을 했어요. "형제님은 하나님을 아버지라 부르시지요? 하나님 아버지가 얼마나 부요하고 존귀하신 분입니까? 형제님은 바로 그 하나님의 아들이라는 것을 알아야만 합니다. 자신이 비천하고 보잘것없고 버림받은 인생이라고 생각하는 것은 큰 잘못입니다. 록펠러의 아들이 자기 아버지의 재산으로 거대한 부자로 행세하는 것처럼 당신은 더

거대한 부자인 하나님의 아들로서 마음에 부요 의식을 가지고 살아야 합니다. 절대로 자신을 비천하다고 생각하면 안 됩니다."

여러분, 우리가 하나님이 크고 광대하시며 영화롭다는 것을 알고 하나님을 아버지라고 부른다는 것은 우리가 하나님의 아들이라고 고백하는 것입니다. 아버지 되신 하나님과 함께 살면서 우리 마음속에 열등의식이나 좌절감, 절망 의식을 가져서는 결코 안 될 것입니다. 우리는 하나님의 이름을 존귀하고 영광스럽게 받아들여야만 합니다. 성경은 하나님을 찬양하기 위해서 여러분과 저를 하나님이 지으셨다고 말씀을 하셨습니다.

"이 백성은 내가 나를 위하여 지었나니 나를 찬송하게 하려 함이니라"_이사야 43:21

"너는 마음을 다하고 뜻을 다하고 힘을 다하여 네 하나님 여호와웨를 사랑하라"_신명기 6:5

"왕이신 나의 하나님이여 내가 주를 높이고 영원히 주의 이름을 송축하리이다"_시편 145:1

그러므로 "하늘에 계신 우리 아버지여 이름이 거룩히 여김을 받으시오며"마 6:9라는 고백이 우리 마음의 자세가 되어야 합니다. 하나님의 이름을 존귀하고 영광스럽게 받들기 위해서 우리가 예배드리고 감사와 찬송을 하며 살아야 합니다. 하나님과 우리의 관계를 확실히 선포해야 우리의 기도가 힘이 있습니다. 하나님과 나의 관계가 어떠한지를 모르고 있으면 언제나 열등의식, 좌절감, 두려움, 패배 의식으로 의기소침해지고 매사에 뒤로 물러가게 되는 것입니다. 이러한 부정적인 마음 때문에 기도가 통하지 않습니다.

위대한 성가곡을 많이 작곡한 프란츠 요제프 하이든Franz Joseph Haydn에게 하루는 어떠한 사람이 질문했습니다. "선생님은 그 놀라운 음악을 작곡할 때 어디서 영감을 얻습니까?" 그러자 "나는 기도할 때마다 '하나님, 하나님이 내 삶의 주인이십니다. 하나님이 내게 지혜를 주셔서 내가 아름다운 음악을 작곡하게 되면 하나님의 영광을 위해서 작곡한 것이므로 하나님의 영광을 위해서 이 음악을 주님께 드릴 것입니다'라는 기도를 드립니다." 그가 작곡한 '천지창조'는 성경 창세기와 존 밀턴John Milton이 쓴 「실낙원」에 근거하여 만든 위대한 곡입니다. 이 곡이 빈에서 공연되던 날, 그는 몸이 너무나 아파서 2층 발코니 뒤에서 쭈그리고 앉아 있었습니다. 그날 지휘자는 하이든의 '천지창조'를 정말 감동적이고 멋있게 연주했습니다. 연주가 끝났을 때, 청중은 모두 일어나서 박수갈채를 하고 앉을 줄을 몰랐습니다. 그러나 그 지휘자는 박수하는 청중을 중지시키면서 이렇게 이야기합니다. "나에게 박수를 보내지 마십시오. 저 발코니 뒤에 쭈그리고 앉아 있는 하이든, 저분이 이 곡을 작곡했습니다." 사람들은 다시 고개를 돌려서 하이든을 바라보며 일제히 일어나 박수를 보냈습니다. 그러나 하이든은 엄숙한 얼굴로 청중들의 박수를 중단시켰습니다. 그리고 이야기합니다. "이 박수는 제가 받을 수 없습니다." 그리고 하이든은 하늘을 가리키며 이런 유명한 말을 했습니다. "나는 아무것도 아닙니다. 하나님께서 하셨습니다. 이 모든 것은 하늘로부터 온 것입니다. 하나님께서 나의 연약함을 아셨기 때문에 하나님께서 나에게 지혜를 주셨습니다. 그분께만 영광을 돌리십시오."

여러분, 우리는 하나님께만 영광을 돌리면서 "하늘에 계신 우리 아버지여 이름이 거룩히 여김을 받으시오며"라고 고백하며 살아야 합니다. 모든 것은 하나님께로부터 온 것이므로 모두 하나님께 영광을 돌려야 합니다. 그렇지 않고 그 영광을 우리가 가로채면 도적질하는 사람이 되고 마는 것입니다. 그렇기에 우리는 기도의 시작을 잘해야 합니다. 하나님은 하늘에 계시기 때문에 경배하고 받들어야 할 하나님이며, 우리 친아버지이십니다. 그분으로 말미암아 우리가 태어났고 우리는 그분을 위해서 살고 그분을 섬기기 위해서 존재한다는 것을 잊지 마십시오. 우리의 모든 삶은 그분을 존귀롭게, 그 이름을 영화롭게 하기 위해서 살아가고 있다는 근본적인 마음의 자세가 올바르게 이루어져야만 하는 것입니다.

나라가 임하옵시며

하나님은 하나님의 나라가 이 땅에 임하기를 간절히 소원하십니다. 하나님의 나라는 에덴동산에서 잃었으나 십자가에서 예수님에 의하여 회복되었습니다. 하나님께서는 에덴동산을 지으시고 그곳에 하나님의 나라를 이룩하시고 하나님의 영광과 권세를 아담에게 주었습니다만 아담이 하나님을 반역하고 그 권세와 영광을 마귀에게 다 넘겨버리고 말았습니다. 하나님이 주신 모든 권세와 영광을 마귀에게 넘겨주고 천국은 실낙원이 되고 만 것입니다. 그러므로 예수 그리스도께서 사십 주 사십 야를 금식하셨을 때 마귀가 예수님께 와서 "이 모든 권위와 그 영광을 내가 네게 주리라 이것은 내게 넘겨 준 것이므로 내가 원하는 자에게 주노라 그러므로 네가 만일 내게 절하면 다 네 것이 되리라"눅 4:6-7고 말했습니다. 마귀는 자신에게 절을 하면 모든 권위와 영광을 예수님께 주겠다고 합니다. 이것을 누가 마귀에게 넘겨줬습니까? 아담이 하나님을 반역하고 마귀에게 넘겨준 것입니다. 그러므로 오늘날 이 세상의 모든 권세와 영광은 원래 아담의 것이었는데 마귀에게 넘겨주고 스스로 종이 되었던 깃입니다. 하지만 예수님은 십자가에서 몸 찢고 피 흘려서 마귀의 정사와 권세를 벗겨 버리셨습니다. 예수님이 십자가에 승리하심으로 우리를 마귀의 정사와 권세에서 건져내신 것입니다. 그리고 이 땅에 하늘나라가 임하시도록 하신 것입니다.

"통치자들과 권세들을 무력화하여 드러내어 구경거리로 삼으시고 십자가로 그들을 이기셨느니라" _골로새서 2:15

"그가 우리를 흑암의 권세에서 건져내사 그의 사랑의 아들의 나라로 옮기셨으니" _골로새서 1:13

여러분, 하나님께서는 예수 그리스도의 십자가를 통해서 이 땅에 하늘나라를 허락해 주셨습니다. 하늘나라는 바로 의의 나라인 것입니다. 우리의 모든 죄를 용서하시고 의를 주신 의의 나라입니다. 죄와 사망의 법에서 해방시키고 의를 주는 그것이 하늘나라인데 그 나라가 이 땅에 임하기를 하나님은 원하십니다.

"그러므로 이제 그리스도 예수 안에 있는 자에게는 결코 정죄함이 없나니 이는 그리스도 예수 안에 있는 생명의 성령의 법이 죄와 사망의 법에서 너를 해방하였음이라"_로마서 8:1-2

하늘나라는 성령충만의 나라입니다. 예수 그리스도 안에서 성령이 이 땅에 오셔서 다스리는 나라가 바로 하늘나라입니다. 또한 하늘나라는 성령을 풍성히 부어 주시는 나라입니다. 성령을 부어 주셔서 의와 영광과 희락을 주셨고, 하늘나라가 우리 속에 왕성하여지도록 만드신 것입니다. 하늘나라는 또한 치료의 나라입니다. 하나님의 나라가 임하자마자 치료의 역사가 일어나게 되는 것입니다.

"우리 구주 예수 그리스도로 말미암아 우리에게 그 성령을 풍성히 부어 주사 우리로 그의 은혜를 힘입어 의롭다 하심을 얻어 영생의 소망을 따라 상속자가 되게 하려 하심이라"_디도서 3:6-7

"하나님의 나라는 먹는 것과 마시는 것이 아니요 오직 성령 안에 있는 의와 평강과 희락이라"_로마서 14:17

"그러나 내가 하나님의 성령을 힘입어 귀신을 쫓아내는 것이면 하나님의 나라가 이미 너희에게 임하였느니라"_마태복음 12:28

"하나님이 나사렛 예수에게 성령과 능력을 기름 붓듯 하셨으매 그가 두루 다니시며 선한 일을 행하시고 마귀에게 눌린 모든 사람을 고치셨으니 이는 하나님이 함께 하셨음이라" _사도행전 10:38

　제가 한때 뉴올리언스에서 성회를 했는데 말씀을 증거하고 난 다음 병자를 위해 기도하는데 하나님의 계시가 왔습니다. 오랜 두통으로 절망 상태에 있던 사람이 고침을 받았으며, 산후조리를 잘못해서 고통받고 있는 사람을 하나님께서 고치셨다는 것입니다. 그래서 제가 그 일을 선언했습니다. 그런데 많은 미국 사람이 나와서 간증을 했는데 제가 선포한 병이 나았다는 사람이 없는 것입니다. 그래서 '하나님이 시간을 두고 고치시려나 보다' 하고 그 이튿날 뉴욕으로 가려고 공항에 도착했는데 뉴올리언스에서 목회를 하는 한인 목사님이 저에게 뛰어와서 다짜고짜로 이야기를 하는 거예요. "목사님, 어떻게 이런 기적이 일어날 수 있습니까?" 그래서 제가 무엇 때문에 그러냐고 물었더니 "제가 목회하는 교회에 교포 교수가 있는데 그가 극한 두통에 시달려 교수직을 포기해야만 하는 상태까지 이르렀다가 성회에 참석한 후에 깨끗이 치료받았다고 합니다. 그리고 또 들어 보세요. 그 교수님 부인은 산후통으로 오랜 기간 고생했는데 역시 성회에 참석했다가 그 자리에서 고침을 받았다고 합니다. 그래서 하나님의 이런 기적으로 온 교회가 발칵 뒤집혔습니다"라고 말하는 것입니다. 그러면서 그 목사님은 교수 부부가 어제 성회에서 간증을 하려고 했으나 미국 사람이 많이 나와서 포기하고 오늘 자신에게 대신 전해 달라고 해서 공항에 나왔다는 것입니다. 하나님의 나라가 임하면 치료의 기적이 일어나게 되는 것입니다. 주님은 이 하늘나라가 이 땅에 임하기를 간절히 원하며 기도하라고 말씀하는 것입니다. 또 하늘나라는 아브라함의 복의 나라입니다. 하나님의 나라는 저주에서 해방을 얻어 아브라함의 복이 임한 그런 나라입니다. 이를 위해서 하나님께서는 기도하기를 원하시는 것입니다.

"그리스도께서 우리를 위하여 저주를 받은 바 되사 율법의 저주에서 우리를 속량하셨으니 기록된 바 나무에 달린 자마다 저주 아래에 있는 자라 하였음이라"_갈라디아서 3:13

하나님의 나라는 재림과 부활, 천국입니다. 주님께서 재림하시고 우리는 부활하고 새 하늘과 새 땅과 새 예루살렘으로 들어가는 이 위대한 역사가 이루어지기를 위해서 기도하라는 것입니다.

"주께서 호령과 천사장의 소리와 하나님의 나팔 소리로 친히 하늘로부터 강림하시리니 그리스도 안에서 죽은 자들이 먼저 일어나고 그 후에 우리 살아 남은 자들도 그들과 함께 구름 속으로 끌어 올려 공중에 서 주를 영접하게 하시리니 그리하여 우리가 항상 주와 함께 있으리라" _데살로니가전서 4:16-17

　이런 하늘나라가 이 땅에 속히 임하도록 기도하라고 주님이 말 씀하셨습니다. 정의의 나라가 임하고 성령충만의 나라가 임하고, 치료와 건강의 나라가 임하고 아브라함의 축복과 형통의 나라가 임하고, 부활과 영생과 천국이 임하기를 항상 기도하라고 주님께 서 말씀하는 것입니다. 예수님 안에 하나님 나라가 임하였고 예수 님을 모실 때 하늘나라가 임하는 것입니다. 예수님께서 십자가에 죽었다가 사흘 만에 부활하심으로 마귀의 나라를 멸하고 하늘나 라가 임하게 하셨습니다. 그리스도가 바로 하나님 나라의 임금이 기 때문에 임금이 계신 곳에 하늘나라가 있는 것입니다. 예수님을 우리 마음속에 모시면 천국이 임하는 것입니다.

　"이 때부터 예수께서 비로소 전파하여 이르시되 회개하라 천국이 가 까이 왔느니라 하시더라" _마태복음 4:17

　"또 여기 있다 저기 있다고도 못하리니 하나님의 나라는 너희 안에 있느니라" _누가복음 17:21

"또 충성된 증인으로 죽은 자들 가운데에서 먼저 나시고 땅의 임금들의 머리가 되신 예수 그리스도로 말미암아 은혜와 평강이 너희에게 있기를 원하노라 우리를 사랑하사 그의 피로 우리 죄에서 우리를 해방하시고 그의 아버지 하나님을 위하여 우리를 나라와 제사장으로 삼으신 그에게 영광과 능력이 세세토록 있기를 원하노라 아멘"_요한계시록 1:5-6

하나님이 우리를 하늘나라 제사장으로 삼으셨습니다. 하늘나라가 구만리장천九萬里長天 멀리 있는 것이 아니라 예수 그리스도 안에서 우리에게 임하셨으니 여기에 하늘나라의 역사가 일어나도록 늘 기도하라는 것입니다.

"그러나 너희는 택하신 족속이요 왕 같은 제사장들이요 거룩한 나라요 그의 소유가 된 백성이니 이는 너희를 어두운 데서 불러 내어 그의 기이한 빛에 들어가게 하신 이의 아름다운 덕을 선포하게 하려 하심이라"_베드로전서 2:9

여러분, 예수 믿는 신앙은 종교가 아니요, 의식과 형식에 머물러 있을 것이 아니라 내용이 있어야 합니다. 그것이 바로 하늘나라의 역사가 우리 속에 임하여 의의 역사가 일어나고 성령충만의 역사가 일어나고, 치료와 건강의 역사가 일어나고 축복과 형통의 역사가 일어나고, 부활과 영생의 소망이 넘쳐나는 역사가 일어나도록 "나라가 임하시오며"마 6:10라고 기도하라는 것입니다. 이 땅에 그리스도로 말미암아 이와 같은 역사가 일어나기를 하나님이 원하시는 것입니다. 주님의 나라가 세상 안에 임해야만 하는 것입니다.

이 세상은 캄캄한 마귀의 흑암 속에 있습니다. 그리고 부정과 부패로 썩어져 가고 있습니다. 성경은 우리 보고 뭐라고 말씀합니까? "너희는 세상의 소금이니 소금이 만일 그 맛을 잃으면 무엇으로 짜게 하리요 후에는 아무 쓸 데 없어 다만 밖에 버려져 사람에게 밟힐 뿐이니라 너희는 세상의 빛이라 산 위에 있는 동네가 숨겨지지 못할 것이요"마 5:13-14라고 하십니다. 우리에게 세상의 빛이요, 세상의 소금이라고 말씀하시는 것입니다. 우리는 어두움이 있는 곳에 들어가서 빛을 비춰야 하고 썩어짐이 있는 곳에 들어가서 하늘나라의 소금이 되어서 부패를 막아야만 하는 것입니다.

제가 캐나다에서 집회하는데 조직위원장이 제게 와서 몇 가지 부탁을 했습니다. 그 부탁이 뭐냐 하면 "목사님, 설교할 때 절대로 동성연애에 관해서 공격하지 마십시오. 캐나다 국회에서는 동성연애를 합법적으로 통과시켰기 때문에 비록 성경에 동성연애하는 자를 죽이라고 했고 그 말씀을 전한다 해도 동성연애를 반대하는 설교를 하면 현장에서 체포당합니다." 세상에 그런 법이 어디 있습니까? 캐나다는 전통적으로 기독교 국가인데 국회에서 하늘나라가 쫓겨나가 버리니까 동성연애가 합법으로 통과된 것입니다. 그다음 부탁은 "설교할 때 절대로 낙태하지 말라고 설교하지 마십시오. 캐나다에는 낙태가 합법적으로 통과되었기 때문에 낙태하지 말라는 설교를 하면 현장 체포당합니다." 그다음에는 "설교할 때 절대로 소수민족, 유대민족에 대해서 공격하지 마십시오. 유대민족이 예수님을 십자가에 못 박았다고 하는 그런 설교를 하지 마십시오. 그러한 설교도 소수민족에 대한 차별 법으로 금지되어 있고 그러한 내용이 담긴 설교를 하다가 감옥에 들어가 있는 목사들이 있습니다." 그래서 내가 "아니, 캐나다는 기독교 국가로 알고 있는데 어떻게 이런 일이 있습니까?"라고 말하니까, 그 조직위원장이 "그래서 우리가 통탄하는 것입니다. 국회가 비신자들로 꽉 들어차 반기독교적인 법을 만들어서 오늘날 캐나다에서는 동성연애하지 말라는 설교도 못 하고, 낙태하지 말라는 설교도 못 하고, 유대인이 예수님을 십자가에 못 박았다는 설교도 못 합니다"라고 했습니다.

여러분, 이 일을 통해 나는 절실히 느꼈습니다. 우리나라도 정치에 하늘나라가 임하지 아니하면 캐나다와 같이 될 수 있습니다. 우리 정부에 하늘나라가 임해야 합니다. 더구나 국회에 하늘나라가 임해야만 하는 것입니다. 국회에서 법을 만들잖아요. 법이란 어마어마한 힘이 있습니다. 국회가 힘을 합치니까 대통령도 탄핵하지 않습니까? 국회는 법을 만드는 곳입니다. 그곳에 하늘나라가 임하지 아니하고 그곳에 불신의 힘이 점령하고 있다면 그곳에서 만드는 법으로 인해 하늘나라를 쫓아내 버리고 교회를 박살 낼 수가 있는 것입니다.

여러분, 그렇기에 '교회는 정치에 관심 두지 말라'고 하는 것은 사탄의 소리입니다. 교회는 정치에 관심을 가지고 기도해야 합니다. 예수 믿는 사람을 국회에 보내야 하고 정치적으로 국회에서 하늘나라를 반대하는 법을 만들지 못하도록 막아야만 하는 것입니다. 그렇게 하지 않으면 큰 불행이 우리나라에 다가옵니다. 북한을 보십시오. 북한의 정치 형태 속에는 하늘나라가 임하지 않습니다. 하늘나라가 임하지 않기 때문에 신앙의 자유도 없고 인권도 없고 모든 삶의 자유도 다 빼앗겨 버렸습니다. 하늘나라가 그곳에는 없기 때문입니다. 그러므로 우리는 주님의 나라가 세상 안에 임하도록 기도해야 해요.

여러분, 우리는 '예수 믿는 사람들이 뭐하러 저 더러운 정치에 참여하느냐?'라고 생각하면 안 됩니다. 성경은 어두운 가운데 들어가서 빛을 비추라고 말했고, 썩어지는 가운데 들어가서 소금이 되라고 말씀하고 있습니다. 빛이 있는 곳에 빛이 무슨 소용 있으며, 썩어질 것이 없는데 소금이 무슨 소용이 있습니까? 어두운 곳에 빛이 필요하고 썩어질 것이 있는 곳에 소금이 필요합니다. 가장 어둡고 썩은 곳이 어디입니까? 바로 국회입니다. 국회는 가장 어둡고 가장 썩은 곳입니다. 빛이 어디 있어야 합니까? 그래서 기독교인들은 그 속에 들어가 있어야 해요. 소금이 어디에 필요합니까? 그리스도의 빛과 소금이 우리 정치 현장에 나타나야만 합니다. 우리는 정치인을 뽑을 때 하늘나라를 모시고, 하늘나라를 중심으로 서 있는 사람을 반드시 뽑아야 합니다. 그렇지 않으면 이 땅에 어두움과 썩어짐을 막을 도리가 없을 것입니다.

"일곱째 천사가 나팔을 불매 하늘에 큰 음성들이 나서 이르되 세상 나라가 우리 주와 그의 그리스도의 나라가 되어 그가 세세토록 왕 노릇 하시리로다 하니"_요한계시록 11:15

세상 나라가 우리 주와 그리스도의 나라가 되어야만 하는 것입니다. 세상 나라 따로 있고 하늘나라 따로 있는 것이 아닙니다. 세상 나라 속에 하늘나라가 들어와서 하늘나라의 주권 행사가 이루어져야만 하는 것입니다. 그래서 주님은 이를 위해서 기도하라고 말씀한 것입니다.

뜻이 하늘에서 이룬 것같이 땅에서도 이루어지이다

하나님의 나라만 임한 것이 아니라 하나님의 뜻이 이 땅에 이루어지길 기도해야 합니다. 이 땅에는 하나님의 뜻을 거역하는 존재가 많이 있습니다. 마귀는 하나님의 뜻을 거역하는 원흉입니다.

"거짓말하는 자가 누구냐 예수께서 그리스도이심을 부인하는 자가 아니냐 아버지와 아들을 부인하는 그가 적그리스도니" _요한1서 2:22

"죄를 짓는 자는 마귀에게 속하나니 마귀는 처음부터 범죄함이라 하나님의 아들이 나타나신 것은 마귀의 일을 멸하려 하심이라" _요한1서 3:8

마귀는 하나님의 뜻을 막습니다. 이 땅에 하나님의 뜻이 이루어지지 않도록 정치계, 경제계, 교육계, 사회 전반에 들어가서 하나님과 예수 그리스도를 쫓아내는 일에 전력을 기울이고 있습니다. 그러므로 우리 예수 믿는 사람들이 이 땅에 사는 것은 거룩한 영적 전쟁을 하는 것입니다. 마귀는 우리 사회 전반에 걸쳐 하나님과 예수를 쫓아내 버리려고 하는데 우리는 사회 전반에 걸쳐 하나님과 예수님을 모시려고 하는 것입니다. 이 땅에 하나님의 뜻이 이루어지고 하늘나라가 임하도록 하려는 것입니다. 그러므로 쫓아

내려는 자와 모시려는 자가 실랑이를 할 수밖에 없습니다. 우리는 거룩한 전쟁을 계속하고 있는 것입니다. 그리고 이 세상에서 하나님의 뜻을 거역하는 자들은 비신자입니다.

"또 아는 것은 우리는 하나님께 속하고 온 세상은 악한 자 안에 처한 것이며"_요한1서 5:19

온 세상은 악한 자가 점령하고 비신자들은 악한 자와 함께 하나님의 뜻을 거역하는 것입니다.

"그 중에 이 세상의 신이 믿지 아니하는 자들의 마음을 혼미하게 하여 그리스도의 영광의 복음의 광채가 비치지 못하게 함이니 그리스도는 하나님의 형상이니라"_고린도후서 4:4

하나님의 형상인 그리스도의 빛이 비치는 것을 막는 것은 흑암의 세력입니다. 이 마귀가 사람들 마음속에 들어와서 하나님의 뜻을 거역하는 것입니다.

"그를 믿는 자는 심판을 받지 아니하는 것이요 믿지 아니하는 자는 하나님의 독생자의 이름을 믿지 아니하므로 벌써 심판을 받은 것이니

라"_요한복음 3:18

18세기 철저한 무신론자 볼테르Voltaire는 생전에 "기독교 전파에는 수 세기가 소요되었으나, 나 볼테르는 50년 안에 기독교를 이 땅에서 없앨 수 있다"라고 큰소리를 쳤습니다. 그러나 기독교는 그가 살아있을 때도, 그가 죽은 후에도 널리 전파되었습니다. 그가 죽은 지 20년 후 제네바 성서협회는 그의 집을 사들여 파리 본부를 세우고 전 세계에 성서를 보급했습니다. 볼테르는 죽기 전에 "나는 태어나지 말았어야 했는데……"라며 탄식하고 후회했습니다. 천국도 지옥도 없다는 그가 "나는 지옥에 간다"라고 비명을 지르면서 비참한 모습으로 죽었습니다. 세상에서 가장 무서운 죄는 하나님의 존재와 하나님의 뜻을 거역하는 것입니다.

1946년 나치 지도자 등 전범자에 대한 재판이 열렸을 때 전직 관료 한 사람이 재판을 받고 있었습니다. 그는 아돌프 히틀러Adolf Hitler가 가스실에서 2천 명을 살해하는 살인극을 시행할 때, 대리로 그 일을 했던 사람입니다. 자기는 히틀러의 명령을 받아서 2천 명의 유대인을 학살했다고 말했습니다. 그런데 그 말을 할 때 표정이 얼마나 태연하고 담담했던지 관계자 모두가 놀랄 정도였습니다. 신문을 계속하던 관계자들은 그가 다른 가스실에서 3천여 명을 더 살해했다는 사실을 밝혀냈습니다. 이번에도 그는 얼굴색 하나 바꾸지 않고 자신의 범죄를 자백했습니다. 그러자 그의 말을 도저히 믿을 수 없었던 한 조사관이 "하나님을 믿습니까?"라고 물었습니다. 그는 차가운 얼굴로 "그런 건 절대 믿지 않소. 하나님이 어디 있소?"라고 했습니다. 하나님을 믿지 않는 비신자는 하나님을 두려워하지 않기 때문에 어떠한 악이라도 행합니다. 하나님이 안 계신다고 여기고, 하나님을 두려워하지 않기 때문에 양심이 입을 닫아 버리는 것입니다. 어떠한 일도 편리하다고 생각하면 무자비하고 몰인정하게 행할 수 있는 것이 오늘날 하나님을 부인하는 세계가 자행하고 있는 일입니다.

그러므로 하나님을 거역하는 원수 마귀, 하나님의 뜻을 반역하는 마귀에게 사주받은 불신의 행태가 이 세상에 얼마나 꽉 들어차 있습니까? 오늘날 소위 예수 믿는다는 사람들도 세속적인 신자가 많아요.

"육신의 생각은 하나님과 원수가 되나니 이는 하나님의 법에 굴복하지 아니할 뿐 아니라 할 수도 없음이라" _로마서 8:7

"이 세상이나 세상에 있는 것들을 사랑하지 말라 누구든지 세상을 사랑하면 아버지의 사랑이 그 안에 있지 아니하니 이는 세상에 있는 모든 것이 육신의 정욕과 안목의 정욕과 이생의 자랑이니 다 아버지께로 부터 온 것이 아니요 세상으로부터 온 것이라 이 세상도, 그 정욕도 지나가되 오직 하나님의 뜻을 행하는 자는 영원히 거하느니라"_요한1서 2:15-17

많은 예수 믿는 사람이 세상과 타협하고 있습니다. 교회 안에는 참된 성도와 세속적인 신자가 섞여서 있습니다. 세속적인 신자들은 하나님과 세상을 함께 갖고 살려고 합니다. 신문에 다음과 같은 기사가 실린 적이 있습니다. 점집에 가는 사람들의 30%가 기독교인이라는 것입니다. 이들은 점집에 가서 보증 문제, 사업 문제, 주거 문제, 질병 문제, 승진 문제, 가정 문제 등 전반적인 인생의 문제를 상담한다고 말했습니다. 기자가 이런 실태를 조사하고 있는 동안에도 자신을 기독교인이라고 하는 30대 중반의 한 남자가 아들의 이름을 짓기 위해서 밖에서 기다리고 있었다고 했습니다. 예수 믿는다는 사람들이 천지와 만물을 지으신 하나님을 믿고 의지하며 나아가지 아니하고 점집에 가서 운명의 판단을 얻으려고 하고 귀신과 짝을 해서 살려고 하는 사람이 많이 있다는 것이 탄식스럽지 않습니까?

하나님과 세상을 겸하여 섬기는 사람은 결국 자신이 주인인 사람입니다. 이 세속적인 신자들은 자기에게 유리해 보이는 것만을 쫓기 때문에 하나님의 뜻과 상관없는 삶을 살아서 하나님께 수치와 모욕을 가져오는 것입니다. 그러나 우리는 진실로 예수님을 본받아서 하나님의 뜻 중심으로 살아야 합니다.

"너희 안에 이 마음을 품으라 곧 그리스도 예수의 마음이니 그는 근본 하나님의 본체시나 하나님과 동등됨을 취할 것으로 여기지 아니하시고 오히려 자기를 비워 종의 형체를 가지사 사람들과 같이 되셨고 사람의 모양으로 나타나사 자기를 낮추시고 죽기까지 복종하셨으니 곧 십자가에 죽으심이라"_빌립보서 2:5-8

"나의 원대로 마시옵고 아버지의 원대로 하옵소서"마 26:39 이 마음으로 하나님을 섬긴 예수님을 쫓아서 우리는 전적으로 주님 중심으로 살아야 합니다. 우리 마음의 보좌에 예수님께서 앉으시도록 해야 하는 것입니다. 마음의 보좌에 내가 앉고 예수님을 서 계시게 하면 안 됩니다. 우리는 하나님의 종이요, 머슴이요, 일꾼이요, 하나님을 섬기기 위해서 만들어졌다는 사실을 알아야 합니다.

"하늘에 계시는 주여 내가 눈을 들어 주께 향하나이다 상전의 손을 바라보는 종들의 눈 같이, 여주인의 손을 바라보는 여종의 눈 같이 우리

의 눈이 여호와야훼 우리 하나님을 바라보며 우리에게 은혜 베풀어 주시기를 기다리나이다" 시편 123:1-2

항상 우리는 종의 마음을 가지고 하나님을 섬기기 위해서 하나님을 바라보며 하나님을 기다려야 합니다.

"나더러 주여 주여 하는 자마다 다 천국에 들어갈 것이 아니요 다만 하늘에 계신 내 아버지의 뜻대로 행하는 자라야 들어가리라"_마태복음 7:21

"내가 그리스도와 함께 십자가에 못 박혔나니 그런즉 이제는 내가 사는 것이 아니요 오직 내 안에 그리스도께서 사시는 것이라 이제 내가 육체 가운데 사는 것은 나를 사랑하사 나를 위하여 자기 자신을 버리신 하나님의 아들을 믿는 믿음 안에서 사는 것이라"_갈라디아서 2:20

바울은 우리가 그리스도와 함께 십자가에 못 박힘으로 이제 우리가 사는 것이 아니라 우리 안에 계시는 그리스도께서 사시는 것이라고 선언했습니다. 그렇기에 천상천하天上天下에서 하나님의 절대주권이 서고 하나님이 다스려야만 하는 것입니다. 하나님 이외에 그 누구도 다스려서는 안 되는 것입니다.

"여호와야훼께서 그의 보좌를 하늘에 세우시고 그의 왕권으로 만유를 다스리시도다"_시편 103:19

"이는 순찰자들의 명령대로요 거룩한 자들의 말대로이니 지극히 높으신 이가 사람의 나라를 다스리시며 자기의 뜻대로 그것을 누구에게든지 주시며 또 지극히 천한 자를 그 위에 세우시는 줄을 사람들이 알게 하려 함이라 하였느니라"_다니엘 4:17

"여호와야훼여 위대하심과 권능과 영광과 승리와 위엄이 다 주께 속하였사오니 천지에 있는 것이 다 주의 것이로소이다 여호와야훼여 주권도 주께 속하였사오니 주는 높으사 만물의 머리이심이니이다"_역대상 29:11

여러분, 그렇기에 우리는 "뜻이 하늘에서 이루어진 것 같이 땅에서도 이루어지이다"라는 절대 주권자의 뜻이 하늘에서 이루어졌으니 땅에서도 이루어지도록 기도해야 합니다. 마귀가 반대하고 비신자들이 반대하고 세상과 타협하는 신앙인들이 반대하더라도 우리는 예수님을 우리의 중심으로, 우리의 주인으로 모시고 하나님의 뜻이 하늘에서 이루어진 것처럼 땅에서도 이루어지도록 기도해야만 하는 것입니다.

옛날 중국 은나라의 탕 왕이 천자天子, 옛 중국에서 주권자에 대해 부르던 별칭가 되고 나서 무려 7년 동안 가뭄이 계속되었습니다. 경험이 많은 한 노 대신이 말하기를 "임금님, 7년 흉년을 면하기 위해서는 사람을 잡아서 희생제물로 하나님께 드려야 합니다." 그러자 탕 왕이 "내가 백성을 잡아서 제물을 드릴 수가 없지 않나? 내가 제물이 되겠다." 탕 왕은 목욕 재개하고 흰말이 이끄는 장식 없는 흰 수레를 타고서 들에 나가 엎드렸습니다. 그는 하나님께 기도했습니다. "제가 한 정치에 절제가 없고 문란하게 되어 가뭄이 온 것입니까? 백성이 직업을 잃고 곤궁에 빠져 있는데 제가 자세히 돌보지 못해 비가 오지 않는 것입니까? 뇌물이 성하여 바른 도를 해치고 있기에 가뭄이 온 것입니까? 참소한 말로 인해 어진 사람이 배척당하고 있어서 겪는 어려움입니까? 이 모든 것이 나의 잘못으로 이 나라와 이 백성이 고통을 당하니 내가 죽어 제물이 되어 이 백성을 구하겠습니다." 탕 왕이 이렇게 외치며 심히 통곡하자 순식간에 하늘에서 먹장구름이 덮이더니 큰비가 내려서 수천 리 땅을 적셨다는 고사가 기록되어 있습니다.

나라의 지도자들이 회개하면 하늘도 감동하는 것입니다. 지금 우리나라의 문제는 백성의 문제가 아닙니다. 지도자의 문제입니다. 문제는 이 탕 왕처럼 우리 대통령으로부터 장관들에 이르기까지 그리고 국회의원들을 비롯한 정치인들, 각 계층에 지도자들이 회개하지 않고서 하늘에서 비가 내릴 수가 없습니다. 축복의 비는 지도자가 변화하고 회개하고 부르짖어야 내리는 것입니다.

그뿐만 아니라 이 땅에 주의 나라를 전하는 교회와 성도들이 회개하면 어찌 하나님께서 가만히 보고 계시겠습니까? 주를 경배하는 주의 백성이 땅에서 통곡하고 부르짖을 때 하나님은 우리 가운데 영광을 나타내시지 않겠습니까? 우리 한국은 지금 갈림길에 서 있습니다. 여러분, 지도자는 백성이 잘못했다고 하고, 백성은 지도자가 잘못했다고 하고, 지도자는 지도자들끼리 잘못했다고 하며 한 사람도 회개하려고 하지 않습니다. "내 탓"이라는 사람은 없고 전부 "네 탓"이라고만 하고 있습니다. "네가 잘못했고 나는 잘했다"라고 하며 회개하지 않습니다.

성경은 "회개하라 천국이 가까이 왔느니라"마 3:2고 말씀합니다. 아무도 회개하지 않으니 교회라도 회개해야 합니다. 성도들이 먼저 앞서서 엎드려 우리 지도자의 죄를 통회하고 자백하고 우리 민족의 죄를 회개하고 자복해야 하는 것입니다. 회개하고 자복함이 없이 아무리 모여서 데모를 하고 촛불을 켜 들고 고함을 친다고 해서 문제가 해결되지 않습니다. '너는 잘못했고 나만 잘했다. 나는 살아야 하고 너는 죽어야 하겠다.' 그러한 흑백논리黑白論理를 가지고는 이 민족이 살길이 없습니다. 모두 다 회개하고 큰 용서와 사랑으로 끌어안아야 합니다. 용서와 사랑으로 끌어안지 않고 서로 율법주의적인 손가락질만 하면 이 사회는 무너지고 파괴되고 말 것입니다. 성경에는 서로 물고 찢으면 다 망할까 조심하라고 말씀하고 있습니다갈 5:15. 우리는 하나님의 뜻이 하늘에서 이룬 것처럼 이 땅에서 이루어지게 해달라고 주야로 부르짖어 기도해야만 합니다. 하나님이 중심이 되어야 우리 영혼이 잘됨 같이 범사에 강건하고요삼 1:2, 생명을 얻되 더 풍성히 얻는 역사가 일어날 수 있습니다요 10:10.

어느 날 기자들이 강철왕 앤드루 카네기Andrew Carnegie를 찾아가서 성공 비결을 물었습니다. 그는 기자들에게 자신의 성공 비결을 세 가지로 대답했습니다. "첫째는 내가 너무 가난한 집안에 태어났기 때문에 어찌하든지 가난을 면해야겠다는 절치부심切齒腐心한 마음이 있었고, 둘째는 나 자신이 비록 무식하지만 무엇이든지 하면 세계에서 1등을 하겠다는 마음에 집념이 있었고, 셋째는 나는 가난하고 공부를 못해서 무식했기 때문에 하나님을 중심에 모시고 모든 것을 하나님께 맡기고 하나님이 다스려 줄 것을 알고 주야로 무릎 꿇고 기도했습니다. 그 결과로 세계 가장 큰 강철 회사를 설립할 수 있게 되었습니다." 여러분, 우리 마음에 하나님을 절대 주권자로 모시고 하나님이 다스리시도록 할 때 우리는 하나님의 뜻을 이루는 삶을 살아갈 수가 있는 것입니다.

우리의 기도에는 하나님의 관심사가 먼저 와야 하고 그다음 우리의 관심사가 따라와야 합니다. 하나님의 기뻐하시는 뜻을 먼저 구한 후에 우리의 소원을 아뢰어야만 하는 것입니다. 하나님의 관심사는 하늘에 계신 우리 아버지의 이름이 거룩히 여겨지는 것이며, 하나님과 우리의 사이는 아버지와 아들의 관계며 아버지와 자식이기 때문에 하나님의 이름을 거룩하게 하며 모든 일에 열심을 다해야 하는 것입니다. 하나님의 나라가 우리 마음에 임하고, 우리 가정에 임하고, 우리 사회에 임하고, 우리 국가에 임하고, 세계에 임하기를 기도하라는 것입니다. 하나님 나라가 임해야 합니다. 어두운 곳에 빛으로 임하고, 썩는 곳에 소금으로 임하도록 기도해야 합니다. 그리고 어떻게 하든지 하나님의 뜻이 하늘에 이룬 것 같이 땅에서 이루어져서 하나님이 통치하시는 세계가 되도록 기도하라고 하나님은 말씀하고 있는 것입니다. 우리가 이와 같은 하나님의 관심사를 마음에 두고 기도하고 행동할 때 하나님이 우리를 기뻐하시고 우리에게 복을 주십니다.

기도

　사랑이 많으시고 거룩하신 하나님 아버지, 영광을 받으시고 찬양을 받으시고 세세 높임을 받아 주시옵소서. 하나님은 하늘에 계시오니 우리가 높이 높이 경배하고 쳐다보고 앙망하고 찬미해야 할 것입니다. 그러나 하나님은 우리와 멀리 계신 분이 아니시고 하나님은 우리 아버지시고 우리는 하나님의 자녀이며, 하나님은 우리 생명의 원천이시고 우리는 하나님으로부터 태어난 자녀들입니다. 하나님과 우리의 관계는 끊으려야 끊을 수 없는 사랑의 관계가 맺어지는 것을 감사드립니다. 우리가 이 땅에 살면서 하나님의 이름을 영화롭게 하며 살게 도와주시옵시고 하나님의 이름에 수치를 끼치는 일이 없게 하여 주시옵소서.

　우리 하나님 아버지여, 우리가 주야로 하나님의 나라가 임하도록 기도하게 도와주시옵소서. 의의 나라, 성령충만의 나라, 치료의 나라, 축복의 나라, 부활의 나라가 임하도록 기도하게 하여 주시옵고, 하나님의 나라가 우리 가정에, 사회에, 국회에, 정부에 임하도록 기도하게 하옵소서. 어두운데 빛이 임하고 썩어짐 가운데 소금이 되는 하나님의 역사가 일어나게 도와주시옵시고, 처처에 하나님의 선하신 뜻이 이루어지게 하여 주시옵소서. 마귀의 나라를 분쇄하고 불신앙의 세계를 물리치고 부정적인 신앙생활을 파괴하고 그 가운데 하늘나라가 임하고 하나님의 뜻이 이루어지고 주님께서 만왕의 왕, 만주의 주로 군림하여 주시옵소서. 주 예수님이 다스리는 나라, 주 예수님이 다스리는 뜻이 이루어지게 하여 주시옵소서. 예수님 이름으로 기도합니다. 아멘.

요약

1. 하늘에 계신 우리 아버지여

우리는 기도할 때 먼저 하늘에 계신 하나님을 경외하는 마음을 가져야 합니다. 하나님을 가볍게 생각하거나 무시하는 태도는 버려야 합니다. 하나님이 우리 생명의 원천이시며 크고 영화로운 분이라는 것을 고백할 때 우리 마음속에 열등의식이나 좌절감, 절망의식이 사라지고 근본 신앙의 자세가 올바르게 세워집니다.

2. 나라가 임하옵시며

하나님은 하나님의 나라가 이 땅에 임하기를 원하십니다. 하나님의 나라는 우리를 죄와 사망의 법에서 해방시키신 의의 나라이고, 성령충만의 나라이며, 치료의 나라이며, 아브라함의 복이 임하는 나라입니다. 또한 하나님의 나라는 재림과 부활의 소망을 가진 나라입니다. 우리는 하나님의 나라가 이 땅에 임하기를 기도해야 합니다.

3. 뜻이 하늘에서 이룬 것같이 땅에서도 이루어지이다

하나님의 뜻이 하늘에 이룬 것 같이 땅에서 이루어져서 하나님이 통치하시는 세계가 되도록 기도해야 합니다. 하나님의 뜻이 우리 마음에 임하고, 가정에 임하고, 사회에 임하고, 국가에 임하여 예수 그리스도의 소망과 희망이 넘쳐나도록 기도해야 합니다.

〰〰〰

그러므로 너희는 이렇게 기도하라
하늘에 계신 우리 아버지여 이름이 거룩히 여김을 받으시오며
나라가 임하시오며 뜻이 하늘에서 이루어진 것 같이
땅에서도 이루어지이다 오늘 우리에게 일용할 양식을 주시옵고
우리가 우리에게 죄지은 자를 사하여 준 것 같이
우리 죄를 사하여 주시옵고 우리를 시험에 들게 하지 마시옵고
다만 악에서 구하시옵소서
(나라와 권세와 영광이 아버지께 영원히 있사옵나이다 아멘)
마태복음 6:9-13

주께서 가르치신 기도(Ⅱ)

2004년 3월 28일

주께서 가르치신 기도(Ⅱ)

<2004년 3월 28일>

　오늘 저는 여러분과 함께 '주께서 가르치신 기도' 두 번째 말씀을 나누겠습니다. 우리의 모든 일에는 먼저 할 일과 나중 할 일이 있습니다. 기도도 그렇습니다. 먼저 하나님의 관심사를 기도하고 난 다음 우리의 소원과 관심사를 주님께 아뢰어야 합니다. 많은 기도가 하나님께 응답되지 못하는 이유는 바로 여기에 있습니다. 지난 시간에 하나님의 관심사에 관해서 나눴고, 오늘은 우리의 관심사에 관해 나누겠습니다. 주님이 기도하는 것을 가르쳐 주실 때 먼저 하나님의 관심사인 "하늘에 계신 우리 아버지여 이름이 거룩히 여김을 받으시오며 나라가 임하시오며 뜻이 하늘에서 이루어진 것 같이 땅에서도 이루어지이다"마 6:9-10라고 한 후에 우리 삶의 관심사에 대해서 적극적으로 기도하라고 하는 것입니다.

오늘 우리에게 일용할 양식을 주옵시고

우리 삶의 첫째 관심사는 "오늘 우리에게 일용할 양식을 주시옵고"마 6:11 입니다. 일용할 양식은 우리 삶의 가장 기본적인 요소입니다. 육신을 가지고 이 땅에 사는 이상 일용할 양식을 구하지 않을 수 없습니다. '무엇을 먹을까? 무엇을 입을까? 무엇을 마실까? 이것이 모두 일용할 양식입니다. 정치가 무엇입니까? 국민이 편안하게 빵을 잘 구하여 먹고 행복하게 살 수 있게 하는 것이 아닙니까? 인간 생활의 모든 것은 일용할 빵을 얻는 데 있습니다.

어느 신학자가 "하나님은 우리 육신의 여부에는 관심이 없으시다"라고 했는데, 성경은 그와 정반대의 말씀을 하고 있습니다. "너희 중에 누가 아들이 떡을 달라고 하는데 돌을 주며 생선을 달라 하는데 뱀을 줄 사람이 있겠느냐 너희가 악한 자라도 좋은 것으로 자식에게 줄 줄 알거든 하물며 하늘에 계신 너희 아버지께서 구하는 자에게 좋은 것으로 주시지 않겠느냐"마 7:9-11 이는 하나님이 어찌 떡을 주지 않겠으며, 생선을 주시지 않겠느냐? 그 말씀입니다. 신앙은 육신의 삶과 관계가 없다는 말은 잘못된 것입니다.

옛날에도 그런 잘못된 신앙이 있었습니다. 초대교회 당시 영지주의자 마르시온Marcion은 육체는 악한 것이고 영은 선한 것이라는 이원론적인 생각으로 하나님께 육신을 위해서 필요한 양식을 구하는 것은 잘못된 것이라고 주장했습니다. 또한 중세 이후에 왈도파Waldenses에서도 진실한 기독교인은 가난해야 하기 때문에 하나님께 육신의 필요를 위해 일용할 양식을 구하는 것은 잘못이라고 주장을 했습니다. 오늘날에도 많은 사람이 하나님은 우리 육신의 요구에 관심이 없으시다고 말을 하고 있지만, 하나님은 그 누구보다도 우리의 육신적 요구에 관심이 있으십니다. 하나님이 영적인 일만 관심이 있다면 왜 하나님의 아들이 육신을 입고 이 땅에 오셔서 우리 가운데 거하셨겠습니까? 육신의 일에 무관심하면 영적인 하나님이 우리에게 죽어서 영적으로만 올라오라고 하시지 왜 땅에 오셔서 우리의 눈물을 닦아 주시고, 우리 고난에 동참하시고 시련에서 우리를 건져 주시는 역사를 하셨겠습니까?

성경도 일용할 양식을 구하라고 했는데, 마르틴 루터Martin Luther는 일용할 양식에 대해 다음과 같이 설명했습니다 "생명을 보존

하는 데 필요한 모든 것이 양식인데, 이것은 음식, 건강한 몸, 좋은 기후, 집, 가정, 좋은 정부, 평화를 다 의미한다." 일용할 양식을 얻기 위해서는 직장이 있어야 하고, 직장을 얻기 위해서는 교육이 있어야 하고, 교육을 받기 위해서는 가정이 있어야 하고, 가정이 있기 위해서 집이 있어야 하고, 모든 우리 삶의 요소가 다 일용할 양식입니다. 그러므로 우리가 이 땅에서 사는 동안 하나님의 나라와 그 의를 먼저 구하면서 우리의 모든 일상사를 주님께 아뢰면 주님께서 들어주신다는 것입니다. 우리 주님께서는 우리의 현실적인 삶에 무관심한 분이 아니십니다. 매일매일 하나님께 복을 구해야 합니다. 복이 어디서 옵니까? 하나님께로부터 옵니다. 햇빛이 복이며, 달빛이 복이며, 공기가 복이며, 내리는 비가 복입니다. 하나님께서 우리에게 복을 주시는 것입니다. 이스라엘이 애굽에서 나와 광야로 들어왔을 때, 하나님은 매일같이 만나를 주셨습니다.

"그 때에 여호와야훼께서 모세에게 이르시되 보라 내가 너희를 위하여 하늘에서 양식을 비 같이 내리리니 백성이 나가서 일용할 것을 날마다 거둘 것이라 이같이 하여 그들이 내 율법을 준행하나 아니하나 내가 시험하리라"_출애굽기 16:4

하나님은 이스라엘 백성에게 일용할 양식을 주신 것입니다. 그들은 매일매일 나가서 만나를 거두었습니다. 하루 이틀이 아닙니다. 광야 생활 40년을 하늘에서 주는 만나를 먹었습니다. 하나님은 오늘날 우리도 매일 기도히며 일용할 양식을 주시는 하나님을 믿기 원하십니다. 매일 하나님과 교통하기를 원하십니다. 기도를 하루하고 그만하는 것이 아니라, 1년, 12개월, 365일 해야 할 기도를 하루에 한꺼번에 다 처리했다고 하는 것이 아니라 매일 하나님과 교통하고 하나님의 은혜를 받기 원하십니다. 또한 하나님은 날마다 우리 짐을 지시기 때문에 우리가 매일 기도하며 하나님께 짐을 맡기고 믿음으로 기도해야 하는 것입니다.

"날마다 우리 짐을 지시는 주 곧 우리의 구원이신 하나님을 찬송할지로다 (셀라)"_시편 68:19

"여호와야훼여 내가 매일 주를 부르며 주를 향하여 나의 두 손을 들었나이다"_시편 88:9

한꺼번에 한 달 치를 부르짖는 것이 아니라 매일 해야 합니다. 하나님은 당신을 사랑하는 자를 위해서 모든 것을 예비해 놓으셨습니다. 이미 만세 전에 알고 예비해 놓으신 것입니다. 그러나 매일매일 구해야 구한만큼 주님께서 우리에게 허락해 주시는 것입니다.

"기록된 바 하나님이 자기를 사랑하는 자들을 위하여 예비하신 모든 것은 눈으로 보지 못하고 귀로 듣지 못하고 사람의 마음으로 생각하지도 못하였다 함과 같으니라"_고린도전서 2:9

한꺼번에 많은 양을 구하는 것은 탐욕입니다. 이스라엘 백성이 광야에서 만나를 거둘 때도 일용할 만큼만 거뒀습니다. 이틀 치를 거두고 나니까 썩어서 벌레가 나오고 못 먹었습니다. 매일 그날 살아갈 수 있는 양식을 구하고, 힘을 구하고, 능력을 구하고, 은혜를 구해야지 한꺼번에 많이 달라는 탐욕을 부리지 말아야 합니다.

"그들이 모세에게 순종하지 아니하고 더러는 아침까지 두었더니 벌레가 생기고 냄새가 난지라 모세가 그들에게 노하니라"_출애굽기 16:20

"광야에서 욕심을 크게 내며 사막에서 하나님을 시험하였도다 그러므로 여호와야훼께서는 그들이 요구한 것을 그들에게 주셨을지라도 그들의 영혼은 쇠약하게 하셨도다"_시편 106:14-15

욕심을 내면은 하나님께서 기뻐하지 않으십니다. 오늘날 우리가 하나님께 구해도 못 받는 것은 욕심을 냈기 때문입니다. 정욕으로 구했기 때문입니다.

"너희는 욕심을 내어도 얻지 못하여 살인하며 시기하여도 능히 취하지 못하므로 다투고 싸우는도다 너희가 얻지 못함은 구하지 아니하기 때문이요 구하여도 받지 못함은 정욕으로 쓰려고 잘못 구하기 때문이라"_야고보서 4:2-3

우리 자녀들이 물질적인 도움을 구할 때, 그 물질을 가지고 도박하고 방탕하고 착실하지 못하게 사용할 것을 알면 어느 부모가 그 돈 주겠습니까? 탐욕과 욕심으로 구하는 것을 부모가 도와주겠습니까? 그렇지 않습니다. 그러나 우리가 올바르게 우리 삶의 필요에 따라 구하면 오늘날도 주님은 반드시 응답하여 주십니다.

"너희는 무엇을 먹을까 무엇을 마실까 하여 구하지 말며 근심하지도 말라 이 모든 것은 세상 백성들이 구하는 것이라 너희 아버지께서는 이런 것이 너희에게 있어야 할 것을 아시느니라 다만 너희는 그의 나라를 구하라 그리하면 이런 것들을 너희에게 더하시리라"_누가복음 12:29-31

21세기의 성자로 불리는 마더 테레사Mother Teresa Bojaxhiu는 캘커타 사랑의 집에서 7천 명의 사람들을 돌보았습니다. 그런데 하루는 음식을 담당하는 수녀가 테레사를 찾아와서 "원장님, 금요일과 토요일에 먹을 쌀이 떨어졌어요"라고 말했습니다. 테레사는

"하나님께서 책임질 테니 염려하지 마세요"라고 말하며 수녀를 안심시키고 돌려보내고는 기도를 했습니다. 그런데 쌀이 떨어진 금요일 오전 9시가 되자 빵을 가득 실은 트럭 한 대가 사랑의 집 앞에 멈춰 섰습니다. 그날 캘커타의 모든 학교가 당국의 갑작스러운 지시로 휴교를 하는 바람에 급식으로 준비된 빵이 산더미 같이 남아 이것이 사랑의 집으로 배달된 것입니다. 그래서 사랑의 집에 있는 7천 명의 사람들은 맛있는 빵을 금요일과 토요일에 배불리 먹을 수가 있었습니다. 하나님은 우리의 머리털까지도 세신 바 되셨습니다마 10:30. 그러므로 우리가 탐욕으로 구하지 아니하고 하나님의 나라와 그 의를 먼저 구하고 일용할 양식을 구하면 하나님은 우리를 굶주리지 않게 하십니다마 6:33. 부모가 자식에게 양식을 주는 것은 마땅한 일입니다. 하나님은 우리의 천부이시기 때문에 우리가 일용할 양식을 구해야 하는 것입니다.

우리가 우리에게 죄지은 자를 사하여 준 것 같이
우리 죄를 사하여 주시옵고

우리 삶의 두 번째 관심사는 "우리가 우리에게 죄지은 자를 사하여 준 것 같이 우리 죄를 사하여 주시옵고"마 6:12 입니다. 용서는 십자가 정신의 기본입니다. 우리는 용서 속에 살아야 합니다. 예수님께서 십자가를 왜 짊어지셨습니까? 우리의 죄와 불의와 추악과 저주와 절망과 죽음을 짊어지고 십자가에서 몸 찢고 피 흘려 다 이루었다고 하실 때, 주님은 우리를 용서하신 것입니다

 여러분, 이번에 「패션 오브 크라이스트The Passion Of The Christ」라고 예수님의 죽음에 대한 영화를 멜 깁슨Mel Gibson이 만들지 않았습니까? 제가 그 영화를 보았는데, 예수님이 빌라도의 뜰에서 채찍에 맞으시는 것과 십자가를 짊어지고 골고다에 올라가는 장면과 십자가에 매달린 장면이 너무나 혹독하게 표현이 되어서 도저히 눈 뜨고 볼 수가 없었습니다. 미국에서 어떤 사람이 자기의 이웃을 죽이고 용케 피했는데 오랜 세월이 지난 뒤 이 영화를 보고 너무 충격을 받아서 경찰서에 가서 자기가 살인자라고 자수해서 체포된 일도 있었습니다. 주님께서 우리 죄를 갚기 위해서 그렇게 처참한 고통을 당하시고 눈물을 흘리시고 몸부림치셨습니다. 그러므로 예수를 구주로 모신 사람은 내가 예수 그리스도의 십자가를 통해서 용서받은 만큼 나도 이웃을 용서해야 할 빚을 지고 있다는 사실을 반드시 알아야 합니다. 율법주의자에게는 십자가가 없습니다. 율법주의자는 남을 벗기고 남을 할퀴고 남을 흑칠하고 남을 짓밟습니다. 율법주의자는 율법의 눈으로 볼 때, 모두 죄

인으로 보는 것이니 율법주의자에게는 십자가가 없습니다. 그러나 예수 믿는 사람은 십자가를 끌어안고 사는 이상 십자가를 통해서 넘치는 용서와 사랑이 있어야 합니다. 덮어 주고 치료해 주고 씻어 주고 살려 줘야 하는 것입니다.

"또 네 이웃을 사랑하고 네 원수를 미워하라 하였다는 것을 너희가 들었으나 나는 너희에게 이르노니 너희 원수를 사랑하며 너희를 박해 하는 자를 위하여 기도하라" _마태복음 5:43-44

 그냥 이웃을 사랑하라고 하신 것이 아닙니다. 원수를 사랑하라 고 하셨습니다. 정말로 놀라운 일입니다. 예수님이 십자가에서 당 신을 욕하고 못 박는 사람을 위해서 "아버지 저들을 사하여 주옵 소서 자기들이 하는 것을 알지 못함이니이다"눅 23:34라고 기도했습 니다. 원수도 형언할 수 없는 원수를 주님은 용서해 달라고 했습니 다. 인간은 용서와 화해와 사랑이 없이는 살 수 없습니다. 그렇지 않나요? 부부 관계에서도 남편이 부인을 끊임없이 용서해야 하고 부인도 남편을 용서해야 합니다. 부모는 자식을 늘 용서해야 하고 자식은 부모를 용서해야 합니다. 인간이 하나님이 아닌 이상 완전 하지 못하므로 늘 죄를 짓습니다. 늘 용서해 주고 용서받고 화해해 야 화목하게 살 수 있는 것입니다.

"너희가 각각 마음으로부터 형제를 용서하지 아니하면 나의 하늘 아버지께서도 너희에게 이와 같이 하시리라"_마태복음 18:35

"서로 친절하게 하며 불쌍히 여기며 서로 용서하기를 하나님이 그리스도 안에서 너희를 용서하심과 같이 하라"_에베소서 4:32

"무엇보다도 뜨겁게 서로 사랑할지니 사랑은 허다한 죄를 덮느니라"_베드로전서 4:8

하나님은 우리 예수 믿는 사람들에게 용서를 전문으로 하라고 하셨습니다. 베드로가 한번은 주님께 나와서 물었습니다. "내 이웃이 죄를 지었을 때 일곱 번만 용서하면 되겠습니까?" 베드로는 일곱 번이 대단히 많이 하는 줄 알았습니다. 그때 예수님께서 "죄를 짓고 내게 와서 잘못했다고 회개하거든 일곱 번씩 일흔 번이라도 용서하라"고 하셨습니다마 18:21-22. 하루에 490번을 용서하라 했으니 주님께서는 무한 용서하라고 하신 것입니다. 하나님은 인간이 항상 이웃과 공존 관계 속에서 살게 하셨습니다. 나와 하나님과의 관계의 기반이 나와 이웃과의 관계의 토대 위에 세워지는 것입니다. '다른 사람이야 어떻게 되든지 나와 하나님과만 올바르게 관계를 맺고 믿으면 된다'라는 생각은 잘못된 것입니다. 우리는 태어날 때 이미 이웃인 아버지와 어머니가 있고 형제자매가 있습니다. 우리는 또 결혼하고 살면 남편과 아내가 있고, 시집 식구 그리고 친정집 식구들에 둘러싸여 삽니다. 동창들, 친구들, 이웃들, 이러한 관계가 하나님과 우리의 관계를 정립하는 것입니다.

"그러므로 너희는 하나님이 택하사 거룩하고 사랑 받는 자처럼 긍휼과 자비와 겸손과 온유와 오래 참음을 옷 입고 누가 누구에게 불만이 있거든 서로 용납하여 피차 용서하되 주께서 너희를 용서하신 것 같이 너희도 그리하고 이 모든 것 위에 사랑을 더하라 이는 온전하게 매는 띠니라"_골로새서 3:12-14

월남 전쟁 때 미군이 네이팜탄napalm을 마을에 투하하여 마을이 순식간에 불바다로 변하고 말았습니다. 그 불길 속에서 겁에 질린 한 소녀가 울부짖으며 알몸으로 뛰어나온 것을 월남전 취재 기자가 카메라에 담았는데 저는 그 사진이 지금도 생생하게 기억이 납니다. 그 기자는 전쟁의 참화를 생생하게 보여 준 것으로 퓰리처상Pulitzer Prize을 받았습니다. 그 사진 속 소녀는 킴푹 여사이며 한국에 왔을 때 우리 교회에 와서 저와 장시간 대담했습니다. 현재 그녀는 세계 평화를 호소하는 유엔 명예 대사로 활동하고 있는데, 그동안 열일곱 번이나 수술을 받으며 미국과 미국 사람을 증오

했으며 전쟁을 증오했습니다. 그녀의 마음속에는 미움이 꽉 들어차 있었습니다. 그녀는 제게 이렇게 말했습니다. "가장 고통스러운 것은 나날이 그 미움으로 말미암아 내 마음이 죽어가고 몸이 시들어가고 좌절과 절망이 꽉 들어찼다는 것입니다. 마치 눈에 안 보이는 감옥에 들어가서 꼼짝할 수도 없는 상황이 된 것 같았습니다." 미워하는 동안에 마음이 너무나 고통스럽고 자유가 없었다는 것입니다. 그러나 미국으로 가서 예수 그리스도를 구주로 영접하고 십자가 앞에서 눈물을 흘리며 자기 죄를 자백하고 미워한 죄를 다 고백하고 미움을 청산하자, 눈에 안 보이는 감옥의 창살에서 벗어나서 그때부터 얼굴에 광채가 나고 행복과 기쁨이 넘치고 진실한 사랑이 가득해져서 이웃을 사랑할 수 있게 되었다고 말했습니다. 용서가 그 마음속에 사랑이 넘치게 해 준 것입니다.

우리 교회 자매님이 저에게 상담을 하러 왔어요. 자매님의 남편은 처음에는 열심히 주일 성수하고 철야 기도하고 가정 예배를 드리며 잘 믿는 행복한 가장이었는데 하나님이 복을 주셔서 굉장히 부유해지자 그만 남편이 타락하기 시작했습니다. 성수 주일도 안 하고 기도도 하지 않고 술 먹고 방탕하고 외도까지 했습니다. 살림뿐만 아니라 집까지 날려버렸습니다. 결국 그 자매님은 가슴에 깊은 상처를 입고 남편에 대한 원한이 꽉 들어차 눈물을 흘릴 때

제가 이런 말을 했습니다. "자매님, 참고 견디십시오. 남편의 과거 잘못을 지적하지 말고 그리스도의 보혈로 용서하고 오직 남편을 위해서 기도를 해 주십시오. 율법주의의 눈으로 남편을 보면 죽이고 싶죠. 남편을 저주하고 욕하면 사태는 악화됩니다." 그 자매님이 회개하고 남편이 돌아오기를 9년간을 끊임없이 기도했습니다. 그런데 그 9년간 한 번도 '남편이 도박하고 외도하고 방탕해서 있던 돈 다 날리고 가정을 이 모양으로 만들었다'라는 말을 안 했습니다. 이것에 남편이 감동했습니다. '내가 도박하고 외도하고 가정을 낭패 시켜 이렇게 셋방살이하는데도 내 아내는 한 번도 나에게 원망하지 않았다. 나의 과거를 지적하고 나를 괴롭히면 오히려 좋겠는데, 아내는 진짜 천사 같다'라고 생각한 남편이 울면서 부인의 손을 잡고 "모든 것이 내 죄다. 내가 잘못했다. 당신은 천사다"라고 고백했습니다. 그는 다시 교회로 나와서 회개하고 변화를 받아 요사이의 부부간 금실도 좋습니다. 부인이 만일 남편을 욕하고 정죄했더라면 그 남편은 회개하지 않고 교회를 영원히 떠났을 것입니다. 용서가 화해와 사랑을 가져온 것입니다.

그러므로 주님께서는 "우리가 우리에게 죄지은 자를 사하여 준 것 같이 우리 죄를 사하여 주시옵고"라고 기도하라고 하셨습니다. 우리가 용서받는 것은 우리가 이웃을 용서함으로 받을 수 있습니다. 우리와 하나님의 관계는 이웃과 관계에 절실한 연관성을 가지고 있다는 것을 알아야 합니다. 남이야 어떻든 나만 예수 잘 믿으면 되지 않느냐? 나만 천사 같이 잘 믿으면 된다? 아닙니다. 여기에 '나'라고 안 했습니다. '우리'라고 했습니다. 우리 인생은 나만 사는 것이 아닙니다. 우리가 사는 것입니다. 함께 사는 것입니다. 우리가 함께 살기 위해서는 용서하고 용납하고 치료하고 변화시켜 줌으로 하나님께로부터 은혜를 받을 수가 있는 것입니다.

우리를 시험에 들게 하지 마시옵고 다만 악에서 구하시옵소서

우리 삶의 세 번째 관심사는 "시험에 들게 하지 마시옵고 다만 악에서 구하시옵소서"마 6:13 입니다. 마르틴 루터는 매일 아침에 일어나자마자 기도한 것이 "시험에 들게 하지 마옵시고 다만 악에서 구해 주세요"라고 했습니다. 왜냐하면 이 세상은 악한 자에게 속하고 마귀가 꽉 들어차 있습니다. 마귀가 꽉 들어찬 이 세상 속에 우리 예수 믿는 사람이 살기 위해서는 끊임없이 마귀의 시험에서 벗어나야 합니다. 마귀는 어찌하든지 우리를 시험에 걸어서 도둑질하고 죽이고 멸망시키려고 하므로 매일매일 마귀의 시험에 들지 말게 하옵시고 악에서 구해 달라고 기도해야 하는 것입니다. 시험은 마귀의 미끼입니다. 시험에 들면 마귀의 낚시에 걸립니다.

"너희는 너희 아비 마귀에게서 났으니 너희 아비의 욕심대로 너희도 행하고자 하느니라 그는 처음부터 살인한 자요 진리가 그 속에 없으므로 진리에 서지 못하고 거짓을 말할 때마다 제 것으로 말하나니 이는 그가 거짓말쟁이요 거짓의 아비가 되었음이라"_요한복음 8:44

여러분, 유혹은 항상 탐욕을 미끼로 옵니다. 탐심을 가지고서 유혹을 하는 것입니다. 아담과 하와가 에덴동산에서 무엇이 부족했습니까? 그러나 하나님이 "동산의 각종 나무 열매는 다 먹어도 선악을 알게 하는 나무 열매는 먹지 말라고 하셨습니다. 먹는 날을 네가 죽으리라"고 말씀하셨습니다창 2:16-17. 마귀가 선악을 알게 하는 나무에서 뱀의 형상으로 아담과 하와를 만났습니다. 그리고 그들에게 욕심을 일으켰습니다. "하나님이 정말 모든 실과를 먹지 말라 하더냐?" 하와가 말합니다. "아니라, 다른 모든 나무 열매는 먹되 선악을 알게 하는 나무 열매는 먹지 말라. 먹으면 죽을까 하노라 말씀하셨다." 마귀가 다시 말합니다. "안 죽는다. 너희가 이 실과를 먹으면 눈이 밝아 하나님처럼 된다. 하나님처럼 독립적인 삶을 살 수 있게 될까 봐 하나님이 시기해서 못 먹게 하는 것이다." 마음에 탐욕을 넣어 주었습니다. 아담과 하와 속에 탐욕이 들어오자 하나님의 명령을 거역하고 선악과를 먹었습니다. 결국에는 탐욕 때문에 하나님을 반역하고 마귀의 종이 되고 만 것입니다.

"욕심이 잉태한즉 죄를 낳고 죄가 장성한즉 사망을 낳느니라"_야고
보서 1:15

욕심이란 참 무섭습니다. 욕심을 거부하기가 얼마나 힘이 듭니까? 크고 작은 욕심이 아름다운 색깔로 우리를 유혹합니다. 그때에는 해 없는 것 같이 보여도 사망이 다가오게 되는 것입니다.

다윗은 천하를 거의 통일했습니다. 이제는 직접 전쟁에 나갈 필요가 없습니다. 요압과 자기 군사들을 전쟁터에 보내고 늦잠을 자고 오후에 느지막이 일어나서 왕궁 위를 왔다 갔다 하다 보니까, 저 밑에 어느 부인이 집 뒤에서 목욕하고 있었습니다. 아름답기가 그지없습니다. 그래서 그만 다윗에게 탐욕이 딱 들어왔어요. 그래서 자기 부하에게 "저 여자가 누구냐?" 하니까 일선에 가서 싸우고 있는 우리아의 아내라 하였습니다. 다윗은 부하에게 우리아의 아내를 데려오게 하여 동침했습니다. 그런데 나중에 잉태했다는 연락이 오자 그걸 감추려고 우리아를 일선에서 불러와서 집으로 보내 아내와 동침하게 하려고 했어요. 그러나 우리아는 끝까지 '내 동료들은 일선 천막 밑에서 지내며 전투하고 있는데 내가 어떻게 우리 집사람하고 잠을 자겠는가?' 하고는 왕궁 수위실에서 잠을 자고 집에 안 들어갑니다. 그래서 다윗은 요압에게 '우리아가 오거

든 일선에 보내서 죽게 하라'는 편지를 써서 우리아 손에 보냈습니다. 우리아는 일선에 나가서 싸우다가 적의 화살에 맞아 죽었습니다. 우리아가 죽었다고 하니 다윗은 "전쟁이란 원래 죽기도 하고 살기도 하는 법이다"라고 합니다. 그러나 선지자 나단이 와서 말했습니다. "당신은 간음하고 당신의 충성된 군사를 죽게 했다. 간음죄와 살인죄 모두를 지었다." 나단의 말을 들은 다윗이 통회하고 자복하고 하나님께 부르짖고 용서해 달라고 했습니다.

"하나님이여 내 속에 정한 마음을 창조하시고 내 안에 정직한 영을 새롭게 하소서 나를 주 앞에서 쫓아내지 마시며 주의 성령을 내게서 거두지 마소서 주의 구원의 즐거움을 내게 회복시켜 주시고 자원하는 심령을 주사 나를 붙드소서"_시편 51:10-12

그는 통곡하고 회개해서 하나님께 용서를 받았습니다. 하지만, 잘못된 씨앗을 심었기 때문에 칼이 그 집을 떠나지 않았습니다. 그 이후 다윗의 생은 대부분 불행의 연속이었습니다. 유혹이 그 일생을 큰 회오리바람 속으로 몰아넣은 것입니다. 그러므로 유혹이 얼마나 겁나는 것인지 몰라요.

맹자의 어머니는 아들 교육을 위해서 집을 세 번씩이나 옮겼습니다. 묘지 곁에 사니까 밤낮 바라보는 것이 장례식이라 늘 짐승이나 벌레를 잡아 죽이면서, "어하홍, 어하홍, 이제 가면 언제 오나, 어하홍" 합니다. 그래서 엄마가 안 되겠다고 생각하고, 다음에는 시장 옆으로 집을 옮겼더니 장사하는 것을 보고 "헐찍헐찍한값이 싼 물건 사세요. 떨이입니다. 반값에 드립니다." 집에 와서 자꾸 그런단 말입니다. 그래서 안 되겠다고 생각하고 이번에는 서당 옆으로 집을 옮겼더니 그때부터는 "하늘 천 따지 검을 현 누를 황 집우 집주 넓을 홍 거칠 황" 하며 천자문을 자꾸 외우는 거예요. 이게 바로 '맹모삼천지교孟母三遷之敎'입니다. 바라보고 마음에 상상하면 그대로 끌려가게 되므로 유혹을 이기려면 유혹을 피해야 해요. 다윗이 왕궁에서 거닐지 않았다면 유혹을 안 당했을 것입니다. 오늘날 젊은이들이 인터넷을 통해서 온갖 부패하고 음란한 것을 보고 있습니다. 그런 것을 보고 안 끌려갈 장사가 없습니다.

나는 미국의 유명한 부흥사가 된 분의 간증을 들었습니다. 그는 술주정뱅이요. 알코올 중독자였는데 그가 예수를 믿고 난 다음 술을 안 마시겠다고 다짐을 했지만, 직장에서 일을 마치면 항상 술집 앞을 지나오게 되는 것입니다. 그런데 술집 앞에 서서 술집 간판을 보면서, '안 마셔야지, 안 마셔야지' 하다가 '아이고, 오늘만' 하고는 그곳에 들어가게 되었답니다. 아무리 결심해도 소용이 없어요. 그 술집 앞을 지나가는 동안에는 항상 끌려 들어가고 마는 것입니다. 그래서 나중에는 결단하고 먼 길을 돌아서 술집을 피해서 집으로 돌아오니까 술 마시는 마귀에게서 해방이 되었다고 합니다. 여러분, 유혹을 옆에 두고는 이길 장사가 없어요. 많은 사람이 '나는 이제는 죄 같은 건 걱정할 것 없다. 문제없다'라고 생각하지만, 문제 있습니다. 죄는 싸울 만한 힘이 없으니까 피하는 것이 좋습니다. 죄의 유혹을 떠나는 것이 좋습니다. 죄로 유혹하는 친구는 안 만나는 것이 좋습니다. 죄가 유혹하는 처소는 떠나는 것이 좋습니다. 유혹할 수 있는 그런 책이나 인터넷이나 영화는 안 보는 것이 좋습니다. 그래야 우리가 이길 수 있습니다.

어떤 소년이 빵 가게 앞에서 땀을 뻘뻘 흘리며 주먹을 쥐고 애를 쓰고 있습니다. "너는 왜 빵 가게 앞에 서서 땀을 흘리고 있니?"라고 물으니 "안 훔쳐 먹으려고 지금 애를 쓰고 있습니다"라고 대답합니다. 애를 써도 소용없어요. 결국에는 그 소년은 빵을 훔치게 되는 것입니다. 피해야 해요. 유혹의 탐욕을 거부하고 악한 자 마귀를 대적해야 하는 것입니다.

"근신하라 깨어라 너희 대적 마귀가 우는 사자 같이 두루 다니며 삼킬 자를 찾나니 너희는 믿음을 굳건하게 하여 그를 대적하라 이는 세상에 있는 너희 형제들도 동일한 고난을 당하는 줄을 앎이라" _베드로전

서 5:8-9

대적해야 합니다. 우리가 싸워야 해요. 그냥 두 손 늘면 언세나 시험에 빠지고 유혹에 끌려갑니다. 싸워야 해요. 예수의 이름으로 싸워야 해요. 그렇기에 우리는 예수 믿는 친구와 사귀고, 항상 그리스도 믿는 두세 사람이 합심해서 기도하면 서로 힘이 되고, 서로 격려가 되어서 싸워 이길 수가 있는 것입니다.

"그러므로 땅에 있는 지체를 죽이라 곧 음란과 부정과 사욕과 악한 정욕과 탐심이니 탐심은 우상 숭배니라 이것들로 말미암아 하나님의 진노가 임하느니라"_골로새서 3:5-6

하나님은 예수 믿을 때. 여러분에게 능력을 주셨어요. 여러분은 권세가 있습니다. 이러한 능력은 하나님이 주신 것입니다.

"내가 너희에게 뱀과 전갈을 밟으며 원수의 모든 능력을 제어할 권능을 주었으니 너희를 해칠 자가 결코 없으리라"_누가복음 10:19

"그런즉 너희는 하나님께 복종할지어다 마귀를 대적하라 그리하면 너희를 피하리라"_야고보서 4:7

"그리스도께서 우리를 자유롭게 하려고 자유를 주셨으니 그러므로 굳건하게 서서 다시는 종의 멍에를 메지 말라"_갈라디아서 5:1

저는 어떤 부형님과 신앙 상담을 한 적이 있습니다. 그는 꽤 여유 있는 생활을 하고 있었고 지식수준도 높은 분이었습니다. 그런데 요즘 들어와서 부인이 아주 몸서리치게 보기 싫다는 것입니다. 그 부형님의 아내는 최고 교육을 받고 성격도 원만하며 외모도 아름다운데, 갑자기 아내와 살고 싶은 생각이 사라졌다고 말했습니다. 그 생각이 옳지 못하다는 것을 그는 이성적으로 알고 있어요. 그러나 이제 더는 참을 수가 없이 폭발할 지경에 이르렀다는 거예요. 그는 저에게 말하기를 "저에게 귀한 자녀들이 있습니다. 제가 아내와 이혼하고 가정을 파괴하면 저에게도 비극이 다가오는 줄을 압니다. 그런데도 아내만 생각하면 몸서리칠 정도로 미움이 생겨 집에 들어가고 싶은 생각이 없어집니다. 정말로 고통스럽습니다. 저는 어떻게 해야 합니까?" 분명히 그는 미움과 분노의 귀신에 눌린 사람으로 보여 이렇게 말했습니다. "부형님, 부형님 자신부터 변화 받으십시오. 당신을 변화시킬 수 있는 길은 어떠한 심리 요법으로 해결되지 않습니다. 오직 성령께서 당신을 자유케 하셔야 합니다. 부형님 마음에 마귀가 틈탔기 때문인 것 같습니다. 마귀를 쫓아내면 문제가 해결되는 것이기 때문에 아내가 미울 때마다 '예수님의 이름으로 명하노니 미움을 가져오는 원수 귀신아, 물러갈 지어다. 하나님이 예수님의 보혈로 내 마음을 덮어 주시고 성령의 능력으로 내 마음의 사랑을 부어 주시옵소서'라고 기도하며 주님을 의지하십시오." 그리고 제가 안수 기도하고 예수 이름으로 마귀를 쫓으며 간절히 기도해 드렸습니다.

어느 정도 세월이 지나고 난 다음 그는 다시 한번 저에게 신앙상담을 하러 왔는데 얼굴이 환하고 기쁨이 있어요. 그는 이렇게 말했습니다. "저는 목사님께 기도 받고 난 후에 집에 돌아가서 매일 마귀를 물리쳤습니다. '아내를 미워하게 하는 원수 마귀야, 물러갈지어다. 주의 보혈로 내 마음을 덮어 주시고 성령으로 사랑을 마음속에 부어 주세요'라고 늘 기도를 했는데, 어느 날 갑자기 마치 어두운 밤 중에 광명한 태양이 비치듯 마음속에 찬란한 빛이 임하더니 아내를 미워하던 감정이 순식간에 사라져버렸습니다. 왜 그렇게 몸서리치게 미워했는지 내가 의심할 정도로 미움이 사라지고 마음이 편안해지고, 사랑이 복구되어서 온 가정이 편안하게 되고 행복하게 되었습니다."

성경에는 "주는 영이시니 주의 영이 계신 곳에는 자유가 있느니라"고후 3:17고 말씀하셨습니다. 그러므로 주님께서는 우리에게 인간의 관심사에 대해서 내버려 놓지 말고 기도하라고 말씀한 것입니다. 기도해야 응답을 받아요. 일용할 양식을 달라고 기도하세요. 우리가 우리에게 죄지은 자를 사하여 준 것같이 우리의 죄를 용서해 달라고 기도하세요. 우리를 시험에 들지 말게 하옵시고. 다만 악에서 구해 달라고 기도하라는 것입니다. 기도 안 하면 아무 일도 안 일어납니다. 기도하면 기도를 통해서 하나님이 역사하여 주시는 것입니다. 아무리 수도 파이프가 우리 부근까지 와 있어도 밸브를 열지 않으면 물이 안 나옵니다. 우리가 그 밸브를 열어야 합니다. 기도는 마치 수도꼭지를 트는 것과 같습니다. 우리가 기도해야 우리와 함께 계신 하나님이 응답하여 주시는 것입니다.

그리고 기도의 끝은 하나님에 대한 찬양이어야 합니다. 하나님의 나라, 절대 주권과 영광은 하나님의 것입니다. 우리는 이와 같이 우리 하나님께 영광과 찬양과 존귀를 드리고 기도를 끝마쳐야 하는 것입니다. 우리 하나님은 오늘날 이 자리에 계셔서 우리의 기도를 응답하기를 원하십니다. 여러분이 하나님께 기도하고 맡기면 하나님이 여러분을 위해서 일해 주시고 여러분의 짐을 져 주시는 것입니다. "네 길을 여호와야훼께 맡기라 그를 의지하면 그가 이루시고 네 의를 빛 같이 나타내시며 네 공의를 정오의 빛 같이 하시리로다"시 37:5-6라고 성경은 말씀하셨습니다.

기도

사랑이 많으신 우리 하나님 아버지여, 우리 하나님께서 영광 받아 주시옵소서. 뜻이 하늘에서 이루어진 것같이 땅에서도 이루어지게 하여 주시고 하늘나라가 창성하게 도와주시옵소서.

하나님이여, 오늘 기도하오니 우리 모든 성도가 이 땅에 살아갈 동안에 무엇을 먹을까 무엇을 입을까 어떻게 살까 무엇을 할까 다 요구가 있습니다. 하나님께서 우리의 요구를 들어주기 원하시니 감사합니다.

우리와 같이 계셔서 우리의 삶을 복되게 하시고 살찌게 하시고 풍성케 하시는 하나님이여, 우리 성도들에게 일용할 양식을 주시고 우리의 죄를 용서해 주시고, 우리에게 잘못 한 자를 용서하게 해 주시옵시고, 유혹에 떨어지지 말게 하여 주시고, 마귀의 시험에서 이기게 하여 주시옵시고, 영혼이 잘되고 범사가 잘되며 강건하고 생명을 얻게 풍성히 얻게 하여 주옵소서. 예수님 이름으로 기도합니다 아멘.

요약

1. 오늘 우리에게 일용할 양식을 주시옵고

우리가 담대한 마음으로 하나님을 의지하고 기도하면 하나님께서 사랑하는 자녀들에게 삶의 가장 기초적인 일용할 양식을 공급해 주십니다. 욕심과 정욕과 탐욕으로 하나님께 구하는 것은 응답하지 아니하시지만, 진실로 하나님의 나라와 그 의를 구하며 필요한 양식을 구하는 것은 하나님이 기뻐하시고 응답해 주십니다.

2. 우리가 우리에게 죄지은 자를 사하여 준 것 같이
우리 죄를 사하여 주시옵고

예수님께서 십자가에서 우리를 용서하신 것과 같이 우리도 서로 죄를 사하고 용서할 수 있도록 기도해야 합니다. 용서는 십자가 정신의 기본입니다. 우리는 다 허물이 많고 죄가 많은 사람이지만 서로 화해하고 용서하기를 기도하고 실천할 때, 그리스도의 은혜가 우리 가운데 임하게 됩니다.

3. 우리를 시험에 들게 하지 마시옵고
다만 악에서 구하시옵소서

세상에는 우리를 넘어뜨리는 수많은 유혹이 있는데, 유혹을 이기려면 믿음을 굳게 하여 늘 마귀를 대적해야 합니다. 유혹이 들어올 때 예수님의 이름을 선포하며 담대히 기도하면 귀신들이 물러가고 하나님의 생명이 우리 가운데 임하여 승리의 삶을 살게 됩니다.

예수께서 그들에게 항상 기도하고 낙심하지 말아야 할 것을
비유로 말씀하여 이르시되 어떤 도시에 하나님을 두려워하지 않고
사람을 무시하는 한 재판장이 있는데 그 도시에 한 과부가 있어
자주 그에게 가서 내 원수에 대한 나의 원한을 풀어 주소서 하되
그가 얼마 동안 듣지 아니하다가 후에 속으로 생각하되
내가 하나님을 두려워하지 않고 사람을 무시하나
이 과부가 나를 번거롭게 하니 내가 그 원한을 풀어 주리라
그렇지 않으면 늘 와서 나를 괴롭게 하리라 하였느니라
주께서 또 이르시되 불의한 재판장이 말한 것을 들으라
하물며 하나님께서 그 밤낮 부르짖는 택하신 자들의 원한을
풀어 주지 아니하시겠느냐 그들에게 오래 참으시겠느냐
내가 너희에게 이르노니 속히 그 원한을 풀어 주시리라
그러나 인자가 올 때에 세상에서 믿음을 보겠느냐 하시니라

누가복음 18:1-8

기도, 어떻게 할 것인가?

2004년 8월 29일

기도, 어떻게 할 것인가?

<2004년 8월 29일>

　오늘 저는 여러분과 함께 '기도, 어떻게 할 것인가?'라는 제목으로 은혜를 나누고자 합니다. 기도는 대개 세 가지 형태가 있습니다. 첫째는 하나님과 교통하는 기도입니다. 우리가 매일매일 하나님 앞에 감사와 찬양과 예배를 드리는 교통의 기도입니다. 대단히 중요합니다. 서로 교통해야 친밀해지고 가까워질 수 있는 것처럼 하나님께 교통하는 기도는 하나님과 가까워지는 길입니다. 둘째는 중보기도입니다. 우리는 나라와 민족을 위해서, 우리 가족을 위해서, 이웃을 위해서 간절히 기도하는 것입니다. 중보기도는 위대한 힘을 발휘합니다. 셋째는 사역의 기도입니다. 하나님 앞에서

특별한 목적을 갖고 집중적으로 하는 기도입니다. 이 기도는 확실한 응답을 바라고 하는 기도입니다. 하나님을 예배하고 교통하는 기도는 즉시 응답을 받는 기도가 아닙니다. 우리가 중보기도를 하지만, 내 눈에 현실적으로 즉각 나타나는 결과를 기대하지 않습니다. 하지만 사역의 기도는 문제가 절박하기에 해답이 빨리 와야 합니다. 그러므로 오늘 저는 확실한 응답을 바라고 기도드리는 '사역의 기도'에 관해서 말씀을 나누고자 합니다.

예전에 위궤양 걸린 자매님 한 분이 여러 병원에 다니면서 온갖 치료를 받아도 낫지 않자 우리 교회에 찾아와서 안수기도를 받기 원했습니다. 저는 자매님께 물었습니다. "지금까지 어떻게 기도해 왔습니까?" 그러니 "보통 하는 기도를 하지요. 전지전능, 무소부재하신 하나님, 어제도 계시고 오늘도 계시고 장차 오실 하나님, 영광의 하나님, 하나님께서 긍휼히 보시사 나를 치료해 주시옵소서." 그래서 저는 "자매님! 지금 목숨이 경각에 달렸는데 너무 수사가 많습니다. 병 고쳐 달라는 것은 조금밖에 안 하고 하나님에 대한 수사가 너무 많습니다. 다급한 사람은 그렇게 하지 않습니다. 물에 빠진 사람이 '전지전능 무소부재하신 하나님, 천지와 만물을 지으신 하나님, 영광의 대주재시요. 아름답고 높으신 이름을 가지신 하나님이여, 나를 물에서 건져 주시옵소서' 하면 꼬르륵하고 물에 빠져 죽어 버리고 맙니다. 물에 빠진 사람은 그렇게 할 시간이 없습니다. '하나님! 사람 살려 주세요. 사람 살려 주세요. 사람 살려 주세요.' 그렇게 해야지, 무슨 수사를 그렇게 많이 힙니까? 그러므로 자매님은 이제부터 내가 시키는 대로 하십시오. '하나님! 내 위궤양을 고쳐 주옵소서. 예수 이름으로 고쳐 주옵소서.' 다른 말 하지 말고 이렇게 집중적으로 하루에 세 시간씩 기도하십시오." 이렇게 말하고 돌려보냈습니다. 얼마 있다가 이 자매님이 얼굴에 환한 미소를 지으며 저를 찾아왔어요. "목사님, 목사님께서 시키시는 대로 하루 세 시간씩 '하나님, 날 고쳐 주세요. 예수 이름으로 고쳐 주세요. 예수 이름으로 고쳐 주세요.' 이렇게 반복 기도를 한 결과에 통증이 사라져서 병원에 가서 내시경 검사를 해 보니까 위궤양이 깨끗이 나아버렸습니다."

우리가 사역의 기도를 할 때도 하나님의 응답을 바라고 기도합니다. 기도 응답이 와야 문제가 해결될 수 있습니다. 사역의 기도를 할 때 우리가 언제나 취해야 할 몇 가지 방법이 있습니다.

하나님과 정상적 관계여야 한다

먼저 하나님과 관계가 정상적인지 아닌지를 살펴봐야 하는 것입

니다. 확실히 죄와 허물을 고백하고 용서받은 상황에서 기도해야
지 죄가 있으면 우리의 기도는 응답되지 않습니다.

"여호와야훼의 손이 짧아 구원하지 못하심도 아니요 귀가 둔하여 듣
지 못하심도 아니라 오직 너희 죄악이 너희와 너희 하나님 사이를 갈라
놓았고 너희 죄가 그의 얼굴을 가리어서 너희에게서 듣지 않으시게 함
이니라"_이사야 59:1-2

"내가 이르기를 내 허물을 여호와야훼께 자복하리라 하고 주께 내 죄
를 아뢰고 내 죄악을 숨기지 아니하였더니 곧 주께서 내 죄악을 사하셨
나이다 (셀라) 이로 말미암아 모든 경건한 자는 주를 만날 기회를 얻
어서 주께 기도할지라 진실로 홍수가 범람할지라도 그에게 미치지 못하
리이다"_시편 32:5-6

우리는 우리의 죄를 자꾸 감추기 원합니다. 하나님 앞에 우리의
죄를 감추면 하나님께 긍휼을 받지 못합니다. 그러나 하나님 앞에
나가서 무릎을 꿇고 우리 마음을 열어 놓고 죄를 회개하면 하나님
은 우리 죄를 용서하시고, 하나님과 우리 사이에 막힌 담을 다 헐
어 버리는 것입니다. 사람이 사역의 기도를 할 때, 하나님께 꼭 응
답을 받아야 할 때는 마음에 아무 거리끼는 것이 없어야 합니다.

자녀를 기르는 사람들은 자녀 때문에 많은 눈물의 기도를 하게 됩니다. 우리 애들이 어릴 때 하루는 늦게까지 심방하고 집에 들어오니 둘째 애가 침대에 드러누워 있는데 목숨이 경각에 달렸습니다. 학교에서 애들과 같이 놀다가 나가서 번데기를 사 먹었던 것입니다. 그때는 별로 먹을 것이 없기 때문에 번데기 장사가 학교 주위를 "뻔! 뻔!" 하고 돌아다닙니다. 그러면 애들이 모여서 번데기를 사 먹는데 둘째도 그날 친구들과 같이 번데기를 사 먹었던 것입니다. 그런데 그 번데기가 농약이 섞인 번데기였습니다. 애들이 번데기를 사 먹고 그 자리에 쓰러졌는데 지나가는 사람이 우리 애를 자전거에 태우고서 집에 데리고 왔습니다. 집에 눕혀 놓았는데 목숨이 경각에 달렸습니다. 병원에 데려갈 수도 없고 의사를 청해 오니까 의사는 독이 온몸에 퍼졌으니 별 손댈 수가 없다고 말했습니다. 둘째 애를 잃게 되었어요.

그래서 하나님 앞에 엎드려서 기도하는데 기도가 나와야 말을 하죠. 급한데 이것은 응답을 받아야만 할 기도인데 내가 '주여' 해도 기도가 입천장에만 딱 붙고 가슴이 답답해서 기도가 나오지 않습니다. 너무나 가슴이 답답해서 내 가슴을 찢었습니다. "하나님, 기도하게 해 주십시오." 그러나 다른 기도가 안 나오고 "하나님, 저 아들을 데려갈 바에는 나를 데려가 주십시오. 나는 오래 살았으니 지금 가도 괜찮지만 이제 살기 시작한 애가 무슨 죄가 있어서 벌써 가야 합니까? 나를 데려가 주십시오." 그렇게 기도를 했는데 그런 기도가 무슨 소용이 있습니까? 할 수 없이 제가 서재로 들어가서 무릎을 꿇어서 죄를 회개하기 시작한 것입니다. 저의 어릴 때 죄부터 시작해서 살아오면서 지은 기억나는 모든 죄를 하나도 남김없이 주님 앞에 부르짖어 회개했습니다. "주님이여, 나의 모든 죄를 용서해 주십시오. 내 죄 때문에 이 아이가 이렇게 되는 것이니 나의 죄를 용서해 주세요"라고 몸부림치며 부르짖어 기도하니까 마음이 시원해지는 것입니다. 주의 보혈로 내 마음이 정결함을 받고 하나님과 나 사이에 막힌 담이 다 무너지는 것을 느꼈습니다. 마음이 편안해지고 확신이 오자마자 아들에게 가서 안수하고 간절히 기도하니까 아들이 일어나 입을 열고 토하는데 번데기와 함께 시꺼먼 독을 다 토해낸 다음 살아났어요. 이게 사역의 기도인 것입니다. 사역의 기도를 할 때는 하나님 앞에 막힌 담이 없어야 하는 것입니다. 무엇이든지 죄악의 담이 가리고 있으면 하나님 앞에 미칠 수가 없어요. 그날 저는 하나님의 능력으로 고침을 받고 살아 일으키는 기적을 체험했습니다.

우리가 기도할 때는 죄를 회개할 뿐 아니라 성도의 의무를 실천해야 합니다. 내가 주일도 지키지 아니하고 주일날 내 개인적인 일을 다하고 돌아다니다가 답답한 일 생기면 '주님이여, 나를 도와

주시옵소서'라고 고함치면 무슨 소용 있겠습니까? 주일날은 주님이 부활한 날이요, 주님이 교회에서 우리를 만나 주시는 날입니다. 예수님이 부활하시고 난 다음 꼭 주일날 제자들이 모인 곳에 찾아오셔서 만나 주셨습니다. 그날 이후로 제자들은 주일날 예수님이 오실 것을 기대하고 모였습니다. 오늘날도 우리가 이와 같이 주일에 모이면 주님께서 성령을 통해 이 자리에 찾아와서 우리를 만나 주시는 것입니다. 주님이 우리를 만나기 위해 기다리고 계시는데 주님을 만나지 않고 주님을 박대하고 난 다음에 내가 문제가 생겼을 때 '주님 나를 만나 주십시오'라고 외치는 것은 어불성설語不成說입니다. 그러므로 성경에는 출애굽기 20장 8절에 "안식일을 기억하여 거룩하게 지키라"고 말씀했는데, 유대인의 안식일은 오늘날 우리가 예수님이 부활하신 날을 기념하는 주일인 것입니다.

그뿐만 아니라 우리가 마음을 다하고 뜻을 다하고 정성을 다하여 주 하나님을 사랑하고 섬기는 마음을 가져야 합니다신 6:5. 내 물질이 있는 곳에 내 마음이 있다고 했습니다. 내가 하나님을 정말 사랑하고 섬기면 내 물질이 주님께 있어야 하는 것입니다.

"만군의 여호와야훼가 이르노라 너희의 온전한 십일조를 창고에 들여 나의 집에 양식이 있게 하고 그것으로 나를 시험하여 내가 하늘 문을 열

고 너희에게 복을 쌓을 곳이 없도록 붓지 아니하나 보라"_말라기 3:10

　내가 하나님께 십일조를 드리지 아니하고 물질을 하나님보다 더 섬기면서 필요할 때만 부르짖으면 하나님께서 뭐라고 말씀하겠습니까? "물질을 찾아가거라. 네가 물질을 나보다 더 섬기지 않았느냐? 물질이 네 하나님이고 네 우상이니 네 하나님인 물질을 찾아가라"고 말씀하지 않겠습니까? 내가 물질보다도 하나님을 더 사랑하고 십일조를 떼먹지 아니하고 하나님께 물질을 정성스럽게 드리고 주의 일에 협조한다면 어려움 당할 때 "하나님, 내가 고난 중에 처했으니 나를 도와주소서"라고 하면 하나님이 "오냐, 네가 마음을 다하고 뜻을 다하고 정성을 다하여 나를 사랑하였은즉 내가 너를 도와주리라"고 말씀하실 것입니다.

　"사람이 귀를 돌려 율법을 듣지 아니하면 그의 기도도 가증하니라"
_잠언 28:9

　하나님의 법을 듣지 아니하고 그 법에 등을 돌린 사람의 기도는 하나님이 가증하게 본다는 것입니다. 우리는 하나님의 법을 지키는 삶을 살아야 합니다. 인생을 살 때도 의롭게 살아야 하고 참되고 진실하게 살아야 하고 거룩하게 살아야 하는 것입니다. 어떻게 의롭게 삽니까? 의롭게 사는 것은 하나님의 계명을 지키면서 사는 것입니다. 어떻게 진실하게 삽니까? 거짓이 없이 사는 것입니다.

하나님은 뱀을 미워합니다. 왜 뱀을 미워합니까? 뱀은 진실하지 못하고 꼬부랑, 꼬부랑, 꼬부랑하기 때문입니다. 성경말씀에 보면 꼬불꼬불 뱀 리워야단을 주님께서 죽일 것이라고 말합니다사 27:1. 하나님은 꼬불꼬불하는 것을 원치 않습니다. 바른 마음을 가지고 진실하게 사는 것을 원하고, 세상과 짝하지 아니하고 거룩하게 사는 것을 원하십니다. 사람을 대할 때는 온유하고 겸손하게 용서와 사랑을 가지고 대해야 하는 것입니다. 사람들에게 율법적으로 대하고 비평하고 평론하고, 사람을 해하는 그런 삶을 산다면 하나님께 드리는 기도가 응답되지 않습니다. 그러므로 우리는 언제나 용서하고 사랑하는 마음과 온유하고 겸손한 마음으로 무장하고 하나님 앞에 의와 진리와 거룩함으로 삶을 살아야 합니다. 그래야 기도가 막히지 않는 것입니다.

그뿐만 아니라 하나님 앞에 늘 은혜받은 것을 감사하며 살아야 기도가 응답되는 것입니다.

"감사로 제사를 드리는 자가 나를 영화롭게 하나니 그의 행위를 옳게 하는 자에게 내가 하나님의 구원을 보이리라"_시편 50:23

감사하면 하나님께서 영화로움을 느낀다고 하셨습니다. 마음이 영화로워집니다. 여러분, 우리도 남에게 은혜를 베풀고 난 다음 감사하다는 편지나 전화를 받거나 직접 감사하다는 말을 들으면 마음이 흐뭇해지고 영화로워집니다. 사람도 감사를 받을 때 영화로워지는데 하나님은 우리가 감사를 드릴 때 얼마나 영화로워지실지 이루 말할 수 없습니다. 또한 그냥 기도하지 말고 감사로 소금을 쳐서 아뢰라는 것입니다. 감사가 하나님을 흐뭇하게 하니까 감사를 더불어 하나님께 기도하라고 말씀하십니다.

"아무 것도 염려하지 말고 다만 모든 일에 기도와 간구로, 너희 구할 것을 감사함으로 하나님께 아뢰라"_빌립보서 4:6

"범사에 우리 주 예수 그리스도의 이름으로 항상 아버지 하나님께 감사하며"_에베소서 5:20

하나님께 축복을 받고도 입 싹 닦아버리고 감사하지 않는 사람이 매우 많습니다. 정말 감사를 너무 안 합니다. 가족들도 마찬가지입니다. 남편이 아내에게, 아내가 남편에게, 부모가 자식에게, 자식이 부모에게, 이웃에게 서로 감사한다면 삶을 행복하게 하는 기름을 치게 되는 것입니다. 남편이 아내를 위하여 온갖 정성을 다하여 옷 한 벌, 꽃 한 다발이라도 선물하면 비록 좋지 않은 것이라도 감사하다고 말해야 하는 것입니다. 그 고마움을 표시할 때 좀 호들갑을 떠십시오. 남편이 선물이나 꽃 한 다발이라도 주면 "아이고, 고마워요. 정말 정말 감사해요. 내가 갖고 싶었던 거였는데." 이렇게 말하면 "뭘, 그런 것 가지고 그래." 그렇게 하면서도 속으로 '야! 진짜로 기뻐하고 감사하는구나. 앞으로 종종 더 잘해 줘야 되겠다.' 그런 생각할 것 아닙니까? 어떠한 남편은 부인에게 모처럼 돈을 모아서 옷 한 벌 사다 줬는데, 부인이 받은 후 아무 말도 안 하고 장롱에 넣었습니다. 그래서 "좀 입어봐라." 그러니까 "나중에 시간 있으면 입어 볼게요"라고 말했다는 것입니다. 그래서 그 남편이 저에게 "내가 다시는 옷 안 사주기로 결심했습니다"라고 말했습니다. 옷을 사주면 깡충깡충 뛰면서 좋아하고 그 자리에서 입어 보고 거울 앞에도 서 보고, 남편에게도 잘 어울리냐고 물어본다면 옷을 사준 보람이 있어서 앞으로 더 사주겠는데, 그냥 아무 말도 안 하고 받고서는 장롱에 넣어 버리고, 한번 입어 보라니까 나중에 입어 보겠다고 하니 사준 보람이 없다는 것입니다.

사람도 감사할 때 더 잘해 주고 싶은 생각이 드는데, 하나님은 말할 필요 없이 우리가 감사로 제사 드리면 큰 영화로움을 느끼십니다. 그렇기에 우리가 작고 큰일에 꼭 감사하는 것을 잊어서는 안 됩니다. 감사가 하늘 문을 엽니다. 성경에는 하나님의 구원으로 보이리라고 말씀하셨습니다시 91:14-16.

    우리 교회 자매님 한 분이 내게 와서 이런 간증을 했습니다. 본인과 함께 일하는 직장 동료가 결혼을 했는데 알고 보니 그 남편이 알코올 중독자라 결혼 첫날부터 곤드레만드레 되어서 잠에 곯아떨어지더니 이후 돈만 생기면 술을 마시기 때문에 가정 경제가 엉망이 되었다고 합니다. 그래서 생활을 꾸려나가기 위해서 그 동료가 직장에 나와서 일을 하게 되었는데 그 남편은 10년째 계속 그렇게 술주정뱅이로 산다는 것입니다. 그러면서 하루는 자기에게 "이제는 이혼해야겠어요. 도저히 남편하고 살 수가 없어요. 그 사람하고 살아서 무슨 희망이 있겠어요. 돈만 생기면 술이나 마시고…… 정말이지 너무 힘들어서 이혼해야겠어요"라고 하더랍니다. 그래서 우리 교회 나오는 자매님이 "그렇게 쉽게 이혼하지 말고, 우리 교회 목사님이 설교하기를 '감사로 제사 드리는 자는 하나님께 영화를 돌리고 그런 사람에게 구원의 손길을 보게 되리라'고 하셨으니, 우리 점심시간에 함께 남편을 위해서 감사 예배를 드려요"라고 말했답니다. 그러니까 "술주정뱅이를 보고 무슨 감사를 해요?" 하더랍니다. 우리 교회 자매님은 "글쎄, 하나님께서 감사하라고 했으니까 우리 무조건 감사하자. 좋은 일은 좋아서 감사하고, 안 좋은 일은 좋게 만들어 주실 테니 무조건 믿음으로 감사

예배를 드리자" 하고는 그날부터 점심시간에 두 사람이 함께 예배 시간을 가졌습니다. 둘이 손을 잡고 "하나님, 술주정뱅이 된 남편 때문에 감사합니다. 10년을 하루같이 술만 마시는 남편으로 인해 감사합니다. 이런 술주정뱅이를 주신 것을 감사합니다"라고 기도 했답니다. 처음에는 그 감사하는 기도가 너무나 마음에 거역 되고 좋지 않았지만, 자꾸 감사하니까 나중에는 미운 생각이 사라지면 서 불쌍한 생각이 들더랍니다. '자기도 술의 노예가 되어서 곤드레 만드레 저렇게 사니 인생이 뭐가 좋겠냐?' 싶은 생각에 불쌍한 마음이 들었던 것입니다. 그래서 미워하는 생각을 그치고 계속해서 술주정뱅이 남편을 위해서 감사를 했는데 하루는 주일 아침에 교회에 나가려고 옷을 입으니까 남편이 어디 가냐고 묻더랍니다. 그래서 교회에 간다고 했더니 "나도 따라가도 돼?"라고 하는 것입니다. 그 분이 농담하는 줄 알고 "웃기는 소리 하지 마세요. 사람을 그렇게 놀리면 못써요"라고 하니, "아니야 진짜야. 나도 따라갈래" 라고 하며 일어나서 옷을 입고 우리 여의도순복음교회로 함께 왔어요. 그날 하나님 말씀을 듣고 난 다음에 회개할 사람 일어나라고 하니까 그 남편이 일어나서 회개하는 기도를 따라 하더니 막 눈물과 콧물을 흘리는 거예요. 손수건으로 얼굴에 범벅이 된 눈물과 콧물을 닦고 난 다음 변화된 그 남편이 성령세례 받고 올바른 직장을 얻고 술도 끊고 10년 만에 신혼생활을 시작했다는 것입니다.

감사가 하나님과 우리 사이에 담을 무너뜨립니다. 감사가 하나님의 귀를 기울이게 만드는 것입니다. 하나님이 감사로 제사 드리는 것을 얼마나 영화롭게 여기고 기분 좋게 여기셨던지 그 분의 감사 기도에 하나님이 능력을 나타내 주신 것입니다.

목표가 분명해야 한다

우리가 사역의 기도를 할 때는 목표가 분명해야 합니다. 중언부언하지 말라고 주님께서 말씀합니다. 기도 제목이 수십 가지라고 해서 그것을 나열하고 중언부언하면 하나님께서 결정적인 무언가를 응답하실 수가 없습니다.

"또 기도할 때에 이방인과 같이 중언부언하지 말라 그들은 말을 많이 하여야 들으실 줄 생각하느니라 그러므로 그들을 본받지 말라 구하기 전에 너희에게 있어야 할 것을 하나님 너희 아버지께서 아시느니라"_마태복음 6:7-8

하나님은 우리가 원하는 것을 알고 계시기 때문에 단도직입적으로 목표를 명쾌하고 분명하게 해서 기도해야지, 목표가 희미하고 중언부언하면 안 됩니다.

> "그를 향하여 우리가 가진 바 담대함이 이것이니 그의 뜻대로 무엇을 구하면 들으심이라" _요한1서 5:14

누가복음 11장 5절로 8절에 보면 예수님이 이런 예를 들으셨습니다. 밤중에 친구가 왔는데 먹일 떡이 없어요. 그런데 이웃집은 부자라 떡이 많단 말입니다. 그래서 친구를 위해서 이웃집에 가서 문을 두드리며 이야기를 합니다. "내 친구가 밤중에 왔는데 떡 세 덩이만 빌려주세요." 아무 소리가 없었습니다. 계속해서 문을 두드리니까 안에서 소리가 들립니다. "나는 이미 일을 끝마치고 애들과 잠자리에 들었으니 지금은 떡을 줄 수 없어요. 내일 날 밝거든 와요." 그러나 이 사람은 지금 친구가 굶주려 있으니 먹여야 했습니다. 계속해서 문을 두드리면서 말합니다. "제 친구가 굶주려 있으니 떡 세 덩어리만 빌려주세요." 다시 아무 소리가 없습니다. 그는 낙심하지 아니하고 뒤로 물러가지 않고 "떡 세 덩어리, 떡 세 덩어리, 떡 세 덩어리" 계속해서 고함을 쳤습니다. 그러자 그 이웃이 나왔습니다. "당신이 내 이웃이기 때문에 떡 세 덩어리를 주는 것이 아니라 시끄러워서 잠도 잘 수 없고 견딜 수가 없어서 결국 일어나서 떡을 주는 거예요"라고 했다는 것입니다. 주님은 이 말씀을 하시면서 우리도 그렇게 기도하라고 하셨습니다.

우리는 기도할 때 막연하게 기도하지 말고 분명한 목표를 가지고 간결하게 부르짖어 기도해야 합니다. 또한 언제나 목표가 이루어진 모습을 바라보면서 기도해야 합니다. 기도가 이루어진 모습을 바라보지 않고 막연하게 기도하면 힘이 없습니다. 바라봄의 법칙이 얼마나 중요한지 모릅니다. 성경에 보면 주께서 "누구든지 이산더러 들리어 바다에 던져지라 하며 그 말하는 것이 이루어질 줄 믿고 마음에 의심하지 아니하면 그대로 되리라"막 11:23라고 말씀하셨습니다. 이 말씀을 잘 보십시오. 분명히 이 산에게 '바다에 던져지라' 말하고 그것이 이루어 질 것을 마음으로 바라보면서 기도하라고 하셨습니다. 막연한 기도가 아닙니다. 이 산이고 저 바다입니다. 또한 이루어질 줄 믿고 마음속에 의심하지 말고 기도하는 것입니다. 그러므로 여러분, 이루어진 모습을 바라보며 기도합시다.

여러분, 아브라함은 이 바라봄의 법칙을 사용한 대표적인 믿음의 조상입니다. 하나님께서 아브라함에게 가나안 땅을 그냥 준 것이 아니라 "동서남북을 바라보고 가나안 땅을 주장하라. 그리하면 이것을 너와 네 자손에게 주리니 영원하리라"고 말씀하셨습니다. 이것이 바라봄의 법칙인 것입니다.

"롯이 아브람을 떠난 후에 여호와야훼께서 아브람에게 이르시되 너는 눈을 들어 너 있는 곳에서 북쪽과 남쪽 그리고 동쪽과 서쪽을 바라보라 보이는 땅을 내가 너와 네 자손에게 주리니 엉원히 이르리라"_창세기 13:14-15

아브라함의 나이 85세가 되고 그의 아내가 75세가 되어 자녀를 얻지 못할 때 하나님께서는 아브라함을 불러서 밤중에 별들을 헤아리게 하셨습니다.

"그를 이끌고 밖으로 나가 이르시되 하늘을 우러러 뭇별을 셀 수 있나 보라 또 그에게 이르시되 네 자손이 이와 같으리라 아브람이 여호와야훼를 믿으니 여호와야훼께서 이를 그의 의로 여기시고"_창세기 15:5-6

이 또한 바라봄의 법칙입니다. 하나님은 그냥 막연하게 자손을 주겠다고 말씀하시지 않았습니다. "하늘의 별들을 헤아려 보라"고 하셨고, 별들을 하나, 둘, 셋, 넷 헤아리니까 "네 자손이 저 별들처럼 많을 것이다"라고 분명하게 말씀하셨습니다. 아브라함은 별들을 통하여 자손들의 얼굴과 숫자를 바라보았던 것입니다. 바라봄의 법칙은 우리의 마음속에 신앙을 강화합니다. 그러므로 우리는 기도할 때 이루어진 모습을 바라보아야 합니다. 아무것도 없는데 어떻게 바라봅니까? 성경에는 "하나님은 죽은 자를 살리시며 없는 것을 있는 것으로 부르시는 이시니라"롬 4:17고 하셨습니다. 없는 것을 있는 것처럼 바라보고 기도해야 하는 것입니다.

제가 늘 마음속에 잊어버리지 않는 것이 하나 있는데, 옛날에 독일에서 집회하고 공항에 나가서 한국으로 돌아오는 비행기를 타려고 하는데 독일 목사님 몇 명이 찾아왔습니다. 그중 한 목사님이 저에게 이야기하는 것입니다.

"목사님, 떠나시기 전에 요청할 것이 있습니다. 우리가 선교사업을 하는데 자동차가 꼭 필요하니 자동차 한 대만 사주십시오."

"독일 사람은 우리 보다 잘사는데 당신들이 자동차를 사지 왜 내게 자동차를 구합니까?"

"독일 사람은 잘살지만 독일 목사는 잘 못삽니다. 목사님은 세계 최대의 교회를 가지고 있고, 기도의 용사니까 우리에게 이번에 자동차 한 대 사주십시오."

"나는 지금 자동차를 사줄 수 있는 돈이 없지만, 자동차를 하나님께 구할 수 있는 길을 예비해 주겠습니다. 수첩을 꺼내십시오. 어떤 차를 원하나요? 트럭? 봉고차? 그렇지 않으면 승용차?"

"봉고차를 원합니다."

"그러면 봉고차라고 적으세요. 그리고 어떤 색깔을 원하나요?

회색? 검정? 파랑?"

"파란색이요."

"파란색이라고 적고, 이제 눈을 한번 감아 보세요. 그리고 당신이 말한 자동차를 생각해 보세요. 자동차가 보입니까?"

"아~ 파란색 봉고차가 보입니다."

"그렇지. 그것을 바라보고 기도하십시오. 끊임없이 그 차를 이미 하나님이 주셨다고 믿고, 마음속에 바라보고 기도하십시오."

그리고 저는 기도해 주고 떠났는데, 그다음 제가 프랑크푸르트에 가니까 그 목사님들이 공항에 나를 마중 나왔습니다. 그리고 내 짐을 봉고차에 실으면서 "이 차의 이름이 뭔지 압니까?" 그래서 "무슨 차입니까?" 하니까 "조용기입니다." 차에 내 이름을 붙였어요. 그렇게 기도하고 난 다음에 하나님이 응답해 주셔서 그 차를 구했다는 것입니다. 바라봄의 법칙이란 굉장히 중요합니다.

확실히 이룰 줄 믿어야 한다

우리가 기도할 때 확실히 이룰 줄 믿어야 합니다. 기도하면서도 마음속에 '될까? 안될까?' 의심하면 안 됩니다. "자꾸 의심이 생기는데 어떻게 합니까?"라고 말하는 사람도 있지만 여러분, 믿음이라는 것은 선택에 있습니다. 내가 믿겠다고 선택하면 믿는 것입니다. 내가 의심하겠다고 생각을 하면 자꾸 의심하게 되는 것입니다. '나는 사나 죽으나 믿겠다. 나는 의심을 받아들이지 않는다'라고 마음에 결정을 내리면 의심은 예수 이름으로 물리쳐 버리고 믿음으로 설 수가 있는 것입니다. 성경은 의심하지 말라고 명령합니다. 우리 마음에 의심하지 않겠다고 결심하면 의심을 받아들이지 않을 수 있기에 그렇게 말씀한 것입니다.

"오직 믿음으로 구하고 조금도 의심하지 말라 의심하는 자는 마치 바람에 밀려 요동하는 바다 물결 같으니 이런 사람은 무엇이든지 주께 얻기를 생각하지 말라"_야고보서 1:6-7

베드로를 보십시오. 예수님이 물 위로 걸어오실 때 "주여 만일 주님이시거든 나를 명하사 물 위로 오라 하소서"마 14:28라고 했습니다. 예수님이 오라고 하니까 예수님만 바라보고 의심하지 않고 걸어갈 때 베드로는 물 위를 걸었습니다. 사람으로서 물 위로 걸은 건 베드로가 처음입니다. 그런데 광풍이 불어오고 물보라가 얼굴을 치니 그만 예수님을 바라보던 눈을 돌려 파도를 바라보고 두려워했습니다. 의심했습니다. 그 결과 베드로는 물에 빠졌습니다. 그때 예수님께서 뭐라고 말했습니까? "믿음이 작은 자여 왜 의심하였느냐"마 14:31라고 하셨습니다. 의심하는 사람은 믿음이 작은 사람입니다. 그러나 의심을 내팽개치고 굳세게 주님을 바라보면 믿음이 강한 자가 되는 것입니다. 우리가 기도할 때 눈에는 아무 증거 안 보이고 귀에는 아무 소리 안 들리고 손에는 잡히는 것 없어도 마음에 작정해야 하는 것입니다. '나는 끝까지 믿겠다. 사나 죽으나 나는 믿겠다. 눈에는 아무 증거 안 보이고 귀에는 아무 소리 안 들리고 손에는 잡히는 것 없어도 나는 믿겠다'라고 믿음을 결심하는 것입니다. 이것이 굉장히 중요합니다. 그러지 않고 중립적인 마음에 서서 믿을 만하면 믿고, 의심이 생기면 그 의심을 받아들인다면 요동하는 바다 물결 상황 속에서 하나님께 구하여도 얻을 수 있는 것이 없습니다.

우리가 의심하지 않고 하나님 앞에 기도하기 위해서는 말씀을 부여잡아야 합니다. 저 하늘이 무너지고 이 땅이 꺼져도 일점일획도 변치 않는 것이 하나님의 말씀입니다. 부여잡을 것이 있어야 하지 않습니까? 바람이 불고 파도가 칠 때 내가 붙잡고 매달릴 것이 있어야 하는데 하나님 말씀은 요동치 않습니다.

"하나님의 약속은 얼마든지 그리스도 안에서 예가 되니 그런즉 그로 말미암아 우리가 아멘 하여 하나님께 영광을 돌리게 되느니라"_고린도후서 1:20

옛날 태평양을 횡단하던 중 배가 난파難破되어 20일 이상 뗏목을 타고 표류하다가 극적으로 구조된 사람들이 있습니다. 바로 '리건 베이커'라는 선장과 젊은 두 선원이었습니다. 그들은 뗏목을 타고 20일 동안 바다에 떠돌아다녔습니다. 낮에는 작열하는 태양으로 온몸이 다 타는 것 같고 목이 말랐으며, 밤에는 얼어 죽을 듯이 너무나 춥고 상어 떼의 습격을 받는 어마어마하고 무시무시한 상황 속에서, 절대적인 적막과 고독 속에 20일 동안 뗏목을 타고 바다를 표류했던 것입니다. 그럴 동안에 그 선장은 신앙이 좋아서 늘 시편 23편 4절을 외웠습니다. "내가 사망의 음침한 골짜기로 다닐지라도 해를 두려워하지 않을 것은 주께서 나와 함께 하심이라 주의 지팡이와 막대기가 나를 안위하시나이다" 그리고 마태복음 6장 31절에서 34절을 암송했습니다. "무엇을 먹을까 무엇을 마실까 무엇을 입을까 하지 말라 이는 다 이방인들이 구하는 것이라 너희 하늘 아버지께서 이 모든 것이 너희에게 있어야 할 줄을 아시느니라 그런즉 너희는 먼저 그의 나라와 그의 의를 구하라 그리하면 이 모든 것을 너희에게 더하시리라 그러므로 내일 일을 위하여 염려하지 말라 내일 일은 내일이 염려할 것이요 한 날의 괴로움은 그날로 족하니라" 이 두 성경 구절을 늘 암송하면서 그는 하나님께 매달렸습니다. 그러다가 23일 만에 구조되었는데 신문기자들이 물었습니다. "어떻게 인간의 한계선을 뛰어넘어 23일 동안 바다에서 살아남을 수 있었습니까?" 그 선장은 말하기를 "나는 선한 목자 되신 하나님께서 그의 말씀대로 나를 잔잔한 물가로 인도하실 것을 의심하지 않았습니다. 그 약속의 말씀을 붙들고 기도했기 때문에 염려하지 않고 하루하루 이겨 나갈 수 있었고 결국에는 역경을 극복하고 살아남을 수가 있었습니다." 보십시오. 말씀이 얼마나 중요합니까? 믿음은 들음에서 나며 들음은 그리스도의 말씀으로 말미암는다고 말씀한 것입니다롬 10:17. 어떠한 역경에 처해도 말씀을 부여잡고 의심하지 아니하고 하나님께 부르짖어 기도하면 하나님의 역사가 일어나게 되는 것입니다.

그리고 언제나 인간적인 이성으로 생각하면 안 됩니다. '내 이성으로 생각해 볼 때 이것은 불가능하다. 경험적으로 생각해 볼 때 이것은 불가능하다'라고 생각하면 안 됩니다. 하나님은 기적을 행하시는 하나님이며, 크고 비밀한 일을 행하시는 하나님입니다. 내 상상을 초월해서 하나님의 기적이 일어날 것을 기대합시다.

"너는 내게 부르짖으라 내가 네게 응답하겠고 네가 알지 못하는 크고 은밀한 일을 네게 보이리라"_예레미야 33:3

우리가 알지 못하는 길을 하나님은 보여 주십니다. 하나님은 자기를 사랑하는 자 곧 그 뜻대로 부르심을 입은 자들을 위해서 모든 길을 예비해 놓으신 것입니다롬 8:28. 예비해 놓았기 때문에 우리는 하나님의 예비하신 크고 비밀한 일이 나타날 것을 기다려야 합니다. 이는 힘으로도 되지 않고 능으로도 되지 않으나 하나님으로 말미암아 되는 것입니다슥 4:6.

"그는 자기를 경외하는 자들의 소원을 이루시며 또 그들의 부르짖음을 들으사 구원하시리로다"_시편 145:19

기독교 역사상 기도 응답을 많이 받기로 유명한 고아의 아버지 죠지 뮬러의 이야기입니다. 그는 어떠한 사람에게도 손을 내밀지 않고 오직 성경만 가지고 기도실에서 무릎을 꿇고 기도해서 3천 명의 고아를 먹이고 입히고 교육시켰습니다. 그는 일평생에 5만 번 기도 응답을 받았다고 기록하고 있습니다. 그런데 그에게 기도 응답받는 비결을 묻자 그가 말했습니다. "나는 마가복음 11장 24절에서 '그러므로 내가 너희에게 말하노니 무엇이든지 기도하고 구하는 것은 받은 줄로 믿으라 그리하면 너희에게 그대로 되리라' 말씀하셨기에 기도할 때 반드시 받은 줄로 믿고 기도를 합니다."

한번은 한파가 몰아쳤습니다. 그런데 아주 갓난아기로부터 시작해서 이제 겨우 걸어 다니는 어린아이들을 수용한 고아동 보일러가 고장이 났습니다. 한파가 불어오는 한겨울에 보일러가 고장이 났으니 애들이 다 얼어 죽게 되었습니다. 그 많은 아이를 갑자기 어디에 수용하겠습니까? 사람들은 비상이 걸려서 큰일 났다고 했습니다. 그러나 죠지 뮬러는 조금도 동요하지 않고 성경책 하나 가지고 기도실에 들어가서 하나님께 기도했습니다. "하나님 아버지, 아버지는 고아의 아버지이시며 과부의 재판장이 되시며시 68:5 나는 아버지의 명령을 좇아 돌보는 총무에 불과합니다. 고아동 보일러가 고장이 나서 불을 땔 수가 없습니다. 이 한파에 애들이 다 얼어 죽게 되었는데 아버지가 자녀들을 안 돌보시겠습니까? 하나님 크고 비밀한 기적을 나타내사 어떻게 하든지 어린아이들이 얼어 죽지 않게 해 주시옵소서." 그렇게 기도를 했는데 보일러가 꺼지는 그 시간부터 동풍이 불어오기 시작하면서 영국 전역에 봄이 다가왔습니다. 사람들은 이 한겨울에 갑자기 이렇게 봄날같이 따뜻할 수 있냐며 겨울옷을 장롱에 넣고 봄옷을 끄집어내어서 갈아입었습니다. 그럴 동안 보일러를 수리했고 보일러에 다시 불을 때기 시작하자 혹한 겨울바람이 불어오기 시작한 것입니다. 하나님이 크고 비밀한 기적을 베풀어 주신 것입니다.

하나님은 오늘날도 인간의 생각을 초월해서 주께 부르짖는 성도들을 위해 크고 비밀한 일을 나타내 주십니다. 그렇기에 소망이 있습니다. 우리가 볼 때 이성적으로 생각할 수 있고 경험할 수 있는 것만 하나님께서 행하신다면 우리는 절망할 때 어디를 바라봅니까? 그러나 하나님께서는 우리의 상상을 초월해서 기적을 베푸시는 하나님입니다. 크고 비밀한 일을 나타내 주십니다.

간절히 집중해야 한다

우리가 사역의 기도를 할 때는 간절한 마음으로 집중해야 합니다. 뜨거운 마음, 한이 서린 마음으로 기도를 해야 하는 것입니다. 우리가 기도할 때 그냥 중언부언하고 냉랭한 마음으로 기도해서는 하나님께 응답받지 못합니다. 마음이 끓어 올라야 합니다. 뜨거운 마음, 한 서린 마음이 되어야 하는 것입니다.

"주께서 또 이르시되 불의한 재판장이 말한 것을 들으라 하물며 하나님께서 그 밤낮 부르짖는 택하신 자들의 원한을 풀어 주지 아니하시겠느냐 그들에게 오래 참으시겠느냐 내가 너희에게 이르노니 속히 그 원한을 풀어 주시리라 그러나 인자가 올 때에 세상에서 믿음을 보겠느냐 하시니라"_누가복음 18:6-8

여러분, 사람이 마음에 원한을 품으면 밤낮 그 일을 잊어버리지 않습니다. 원한이 마음에 있으면 자나 깨나 밥을 먹으나 일을 하나 마음속에 그 원한으로 사무치게 되는 것입니다. 우리가 하나님께 기도 응답을 받고자 하면 뜨거운 마음, 한이 서린 마음으로 자나 깨나 그것을 잊어버리지 말고, 먹으나 일하나 잊어버리지 말고 집중하는 마음을 가지고 기도를 해야 하는 것입니다.

성경에 보면 한 과부가 있는데 그가 억울한 일을 당하여 재판관에게 가서 원한을 갚아 달라고 했습니다. 그 재판관은 하나님을 두려워하지 않고 사람을 무시하는 사람입니다. 더구나 과부가 와서 부탁하니 눈도 깜짝하지 않았습니다. 그러나 이 과부는 뜨거운 마음, 원한이 서린 마음으로 자나 깨나 그 재판관 집 앞에서 자신의 원수에 대한 원한을 갚아 달라고 부르짖었습니다. 그 재판관은 한동안 무시했으나 과부가 너무나 계속 와서 부르짖으니까 나중에는 재판관의 마음이 번뇌스럽고 고통스러워 견딜 수가 없습니다. "내가 하나님을 두려워하지 않고 사람을 무시하나 이 과부가 밤낮 와서 나를 번거롭게 하므로 내가 응답해 주겠다"라고 말하며 그 문제를 해결해 주었다고 합니다. 불의한 재판관도 뜨거운 마음과 원한 서린 마음으로 밤낮 부르짖는 과부의 기도를 응답했는데 하물며 천부께서 그 택하신 자가 밤낮으로 한이 서린 마음으로 부르짖어 기도할 때 응답해 주지 않겠느냐고 주님께서 말씀한 것입니다눅 18:2-7. 이와 같이 '죽으면 죽으리라' 하는 마음으로 간절히 기도하면 하나님의 기적이 일어나는 것입니다.

"여호와야훼의 말씀에 너희는 이제라도 금식하고 울며 애통하고 마음을 다하여 내게로 돌아오라 하셨나니 너희는 옷을 찢지 말고 마음을 찢고 너희 하나님 여호와야훼께로 돌아올지어다 그는 은혜로우시며 자비로우시며 노하기를 더디하시며 인애가 크시사 뜻을 돌이켜 재앙을 내리지 아니하시나니"_요엘 2:12-13

제가 한번은 수요예배를 마치고 사무실에 내려가니까 어떤 한 사람을 들것으로 들고 왔습니다. 보니 얼굴이 완전히 시꺼먼 흑색이에요. 간암 말기였습니다. 그리고 링거를 팔목에 꽂고 왔습니다. 보니까 도저히 사람의 힘으로는 살 수가 없어요. 병원에서도 버림받았습니다. 그래서 제가 그분을 보고 말했습니다. "당신은 이판사판이다. 병원에 가도 죽고, 집에 가도 죽는데 살길은 한 길밖에 없다. 하나님을 찾는 길밖에 없으니 오늘 이 시간에 온 가족이 최자실 금식기도원에 가서 사흘 동안 금식기도를 하라." 그러니까 그를 데리고 온 분이 하는 말이 "우리 가족은 아무도 예수 믿지 않는데요? 여의도순복음교회 오면 병 낫는다고 해서 우리는 예수도 모르면서 왔는데요?" 그러더라고요. 그래서 "자식이 죽게 되었는데 믿고 안 믿고 무슨 상관이냐? 좌우간 기도원에 올라가서 안 믿는 부모든 형제든 다 모여서 굶어라." 금식이 뭔지 모르기 때문에 "굶어라. 곡기를 끊고 하늘의 하나님께 자식 살려 달라고 부르짖어 기도하라"고 했습니다. 그러니까 그 가족들이 올라갔어요. 아버지 어머니도 예수를 모르면서도 올라가서 곡기를 끊고, 형님도 직장 그만두고 그 형수도 만삭이 되어 아기 낳을 날짜가 가까웠는데도 불구하고 금식하면서 부르짖고 예배에 참석하니까 설교를 듣고 자동으로 회개하고 예수님을 믿게 되었어요. 그리고 그들은 간절히 주님께 부르짖었습니다. 그 사람을 살려 달라고 금식하고 몸부림을 치면서 부르짖어 기도했는데 그만 혼수상태에 빠졌어요. 이젠 의식이 다 없어지고 숨도 잘 안 쉽니다. 그럼에도 가족들은 계속해서 부르짖어 기도하니까 사흘이 지난 후 혼수상태에서 깨어나더니 물 한 컵을 달라고 하더랍니다. 물 한 컵을 주니까 그 물을 마시고 난 다음 화장실에 데려 달라고 해서 화장실로 데려가니까 시커먼 피를 계속해서 쏟더니 그다음부터 깨끗하게 나아 버렸어요. 그 가족들이 저에게 인사하러 왔는데 내가 그 사람을 모르니까 물었습니다. "그때 들것에 눕혀서 온 사람 어떻게 되었어요?" 그러니까 옆에 선 사람이 "접니다." 그러더라고요. "당신이 이렇게 살아났어요?"라고 물으니 "예. 그때 이후로 살아나서 지금은 모든 음식을 다 먹고 마시고 편안해요. 병원에 가서 검사해 봤는데 간암이 온데간데없이 다 사라지고 건강하다고 합니다." 뜨거운 마음으로 한이 서린 기도를 온 식구가 금식하면서 외치니까 마귀가 떠나가고 하나님의 기적이 일어나게 된 것입니다.

그러므로 우리가 하나님께 기도할 때 냉랭한 마음으로 기도해서는 안 됩니다. 기도하다가 쉽게 물러가는 사람이 있습니다. 조금 기도하고 난 다음 응답 안 온다고 그냥 집어치우고 물러가는 사람이 있는데 기도는 싸움입니다. 싸움이 그렇게 쉬운 것이 아니잖아요. 전쟁할 때 일진일퇴一進一退하면서 끝까지 싸우지 않습니까? 쉽게 물러가면 전쟁에 지지 않나요? 기도는 영적인 전쟁입니다. 마귀하고 싸우는 것입니다. 그 마귀는 쉽게 안 물러가지요. 이미 사탄은 권리를 잃어버린 놈이라도 물러가지 않으려고 발버둥 칩니다. 계속해서 침노해야 합니다.

성경에는 세례침례 요한부터 지금까지 천국은 침노를 당하노니 침노하는 자가 빼앗는다고 말씀합니다마 11:12. 전력을 기울여 뜨거운 마음과 열정적인 심정으로 기도하되 끝까지 인내해야 합니다.

"너희에게 인내가 필요함은 너희가 하나님의 뜻을 행한 후에 약속하신 것을 받기 위함이라 잠시 잠깐 후면 오실 이가 오시리니 지체하지 아니하시리라 나의 의인은 믿음으로 말미암아 살리라 또한 뒤로 물러가면

내 마음이 그를 기뻐하지 아니하리라 하셨느니라" _히브리서 10:36-38

기도할 때 물러가지 말아야 해요. 여러분은 잘 훈련된 사냥개와 같이 되어야 합니다. 잘 훈련된 사냥개는 짐승의 목을 물면 죽을 때까지 흔들고 놓지 않습니다. 옛날에 고향에서 우리 아랫집에 똥개 한 마리가 있었습니다. 진짜 똥개입니다. 아주 못나고 또 잘 먹지도 못해서 비리비리하고 주인에게 발길로 채이고 그랬는데 그 개가 주인이 산에 나무하러 갈 때 따라갔다가 노루 한 마리를 발견하고는 노루의 목을 물고 늘어졌습니다. 잘 먹지도 못하고 비리비리한 개가 힘도 없으면서 노루의 목을 꽉 물더니 눈에 불을 켜고 매달리고 있습니다. 노루가 아무리 도망치려 해도 이 개가 물고 늘어지니까 어찌할 도리가 없습니다. 노루가 가만히 서 있으니까 주인이 가서 노루를 때려잡았습니다. 그래서 노루를 지게에 지고 왔습니다. 그날 이후로 그 똥갯값이 하늘같이 솟아올라서 서로 그 똥개를 사겠다고 사람들이 줄을 섰습니다. 똥개 팔자 시간문제였습니다. 그 개가 노루의 목을 물고 난 다음에 노루가 날뛴다고 놓아 버렸다면 노루는 도망을 쳤을 것이고, 그러면 여전히 똥개로 남았을 텐데 말이죠. 우리는 마귀와 싸울 때 마귀의 목을 물었으면 절대 놓지 말아야 합니다. 끝까지 물고 흔들어야 합니다. 기도로 끝까지 흔들면 마귀는 물러가는 것입니다.

마태복음 15장 27절 28절에 수로보니게 여인의 기사가 있습니다. 딸이 귀신 들려서 고통을 당하는데 예수께 나와서 딸을 고쳐 달라고 합니다. 예수님께서 대번에 거절했습니다. 제자들이 "주님 저 여인이 부르짖으니 고쳐 주시죠"라고 했고, 예수님은 "나는 이스라엘의 잃어버린 양에게 왔지 저 여자에게 오지 않았다"라고 하셨습니다. 어지간하면 물러갈 것인데 여자는 예수님 가는 길을 막고서 "주여, 내 딸이 귀신 들렸사오니 고쳐 주옵소서"라고 말합니다. 예수님이 "자식에게 줄 떡을 취해서 개에게는 안 준다. 너는 개다"라고 하십니다. 그쯤 되었으면 뒤로 물러갈 만합니다. '안 고쳐줬으면 안 고쳐줬지, 사람을 개라고요?'라며 반항할 수도 있습니다. 그러나 그 여자는 "옳소이다. 이스라엘 백성이 아닌 저는 이방인으로 개입니다. 그러나 개도 주인의 밥상에서 떨어진 부스러기는 먹는데 나에게 부스러기라도 주십시오"라고 했습니다. 그때 주님이 하신 말씀하십니다. "오 여자여! 네 믿음이 크도다. 네가 그렇게 말했으므로 네 딸에게서 귀신이 나갔느니라." 여자가 집에 가보니 딸이 고침을 받았습니다. 수로보니게 여인이 아직 이방인의 때가 오지 않아서 주님의 은총을 받을 수 있는 처지가 아닐지라도 끝까지 주님께 부르짖고 따라붙은 결과 응답받았던 것입니다.

기도의 사람인 죠지 뮬러에 대해서 제가 여러분에게 다시 한번 말하고 싶은 것은 죠지 뮬러가 어릴 때부터 같이 자란 다섯 친구가 있었어요. 그가 이 친구들을 주께로 인도해서 천국으로 데려가야 하겠다고 결심을 하고는 그 다섯 친구를 위해서 기도했는데 죠지 뮬러가 기도한 지 18개월 만에 한 사람이 구원을 받고, 또 기도한 지 5년이 지나서 두 번째 사람이 응답을 받아 구원을 받고, 기도한 지 12년 후에 세 번째 사람이 응답을 받아 구원을 받았습니다. 네 번째, 다섯 번째 친구를 위해서는 52년 동안 계속 기도를 했습니다. 죠지 뮬러가 이제 병이 들어 죽게 되었는데 하루는 몸이 몹시 아픔에도 불구하고 마지막 설교를 하겠다고 하나님께 기도하고 힘을 얻어 강단에서 설교를 했는데, 그때 그 설교를 듣고 네 번째 친구가 구원을 받고, 다섯 번째 친구가 구원받는 것은 결국 보지 못하고 죠지 뮬러는 세상을 떴습니다. 그래서 사람들은 말하기를 "죠지 뮬러가 52년 동안 기도해도 완전한 응답은 받지 못했다"라고 했습니다. 그런데 죠지 뮬러 장례식에 이 마지막 다섯째 친구가 찾아왔다가 관이 흙 속에 내려가는 것을 보고 그 자리에 무릎을 꿇어 회개하고 기도하여 변화를 받아 주의 종이 되었습니다. 이 마지막 사람이 온 영국을 돌아다니면서 "뮬러 목사의 기도는 다 응답되었습니다. 제가 그 최후의 응답입니다. 그러므로 당신들의 모든 기도도 반드시 응답 될 것입니다"라고 말하며 전도를 했습니다.

여러분, 우리의 기도는 반드시 응답받게 되어 있고, 또 하나님은 우리의 기도를 응답하기 원하고 계신 것입니다. 우리는 기도를 통해서 우리 인생 문제를 해결 받고 영혼이 잘되고 범사에 잘되며 강건하고요삼 1:2, 생명을 얻되 더 풍성히 얻는 삶을 살아갈 수 있는 것입니다요 10:10. 그러므로 오늘 하나님과 우리 사이에 관계를 먼저 정상화하십시오. 막힌 죄의 담을 다 헐어 버리십시오. 다 고백하고 보혈로 씻어 버리십시오. 그리고 여러분의 목표를 분명히 세우십시오. 우왕좌왕하지 말고 중언부언하지 마십시오. 목표를 분명히 정하고 바라봄의 법칙으로 그 목표가 이루어진 모습을 마음으로 바라보십시오. 그리고 확실히 이룰 줄 믿고 의심하지 마십시오. 믿음의 길로 한결같이 나가십시오. 간절한 마음, 원한 서린 뜨거운 마음으로 집중적으로 계속 기도하면 여러분은 응답받습니다. 심지어 죠지 뮬러도 52년 동안 기도해서 반석같이 굳은 친구의 마음이 무너지고 구원을 받지 않았습니까? 그러므로 우리가 쉽게 낙심해서는 안 됩니다. 예수님께서 누가복음 18장 1절에 "항상 기도하고 낙심하지 말아야 할 것을 비유로 말씀하여"라고 말씀하셨습니다. 왜냐하면 주님께서 응답해 주시기를 원하고 계시기 때문인 것입니다.

기도

    사랑이 많으시고 거룩하신 하나님 아버지, 우리에게 기도를 응답해 주신 아버지가 계시므로 우리는 이 땅에 살아가면서 마음에 큰 위로와 평안을 얻습니다. 우리의 길이 칠흑같이 어둡고 우리의 삶이 사막 같을지라도 전지전능, 무소부재하신 하나님이 우리와 같이 계시며 우리의 부르짖음을 귀 기울여 들으시고 크고 비밀한 일을 나타내 주시기 때문에 낙심하지 않습니다. 뒤로 물러가지 않습니다.

    하나님 아버지여, 오늘 아침에도 주의 백성이 개인, 가정, 생활, 자녀, 사업의 수고하고 무거운 짐을 짊어지고 왔습니다. 그 짐을 하나님 앞에 모두 맡길 때 막연하게 기도하지 말고 결단하는 기도를 하게 도와주시옵소서. 뒤로 물러가지 않고 뜨거운 마음과 한

이 서린 마음과 집중하는 심정으로 계속 전진하고 마귀의 목을
물고 흔들게 도와주시옵소서. 기적은 일어납니다. 하나님이 응답
해 주실 줄 믿고 있습니다. 하나님께 감사합니다. 역사하옵소서.
예수님 이름으로 기도합니다. 아멘.

요약

1. 하나님과 정상적 관계여야 한다

우리의 죄와 허물을 고백함으로 하나님과 막힌 담이 없어야 기
도가 응답받을 수 있습니다. 우리는 죄를 회개할 뿐 아니라 성도
의 의무를 실천함으로 하나님께 나아가는데 거리낌이 없어야 하
며 기도에 응답하신 하나님의 은혜에 넘치게 감사드려야 합니다.

2. 목표가 분명해야 한다

하나님은 우리가 원하는 것을 알고 계시기 때문에 중언부언하
지 말고 단도직입적으로 분명히 기도해야 합니다. 기도할 때는 명
확한 목표를 설정하고 이루어진 것을 바라보며 기도하는 바라봄
의 법칙을 사용해야 합니다.

3. 확실히 이룰 줄 믿어야 한다

기도할 때 우리에게 다가오는 의심들을 믿음으로 극복해야 합니다. 일점일획도 변하지 않는 하나님의 말씀을 의지하여 하나님께서 모든 것을 확실히 이루실 것을 믿어야 합니다. 하나님은 우리가 이성적으로 불가능하다고 생각하고 경험적으로 불가능하다고 생각되는 일들을 기적을 통해 행하시는 분입니다.

4. 간절히 집중해야 한다

우리는 기도할 때 뜨거운 마음으로 한이 서린 기도를 해야 합니다. 중언부언하고 냉랭한 마음으로 기도해서는 하나님의 응답을 받을 수 없습니다. 간절한 마음과 집중력을 가지고 마음이 끓어오르는 기도를 할 때 하나님의 놀라운 응답이 우리에게 다가옵니다.

예수께서 그들에게 항상 기도하고 낙심하지 말아야 할 것을
비유로 말씀하여 이르시되 어떤 도시에 하나님을 두려워하지 않고
사람을 무시하는 한 재판장이 있는데 그 도시에 한 과부가 있어
자주 그에게 가서 내 원수에 대한 나의 원한을 풀어 주소서 하되
그가 얼마 동안 듣지 아니하다가 후에 속으로 생각하되
내가 하나님을 두려워하지 않고 사람을 무시하나
이 과부가 나를 번거롭게 하니 내가 그 원한을 풀어 주리라
그렇지 않으면 늘 와서 나를 괴롭게 하리라 하였느니라
주께서 또 이르시되 불의한 재판장이 말한 것을 들으라
하물며 하나님께서 그 밤낮 부르짖는 택하신 자들의 원한을
풀어 주지 아니하시겠느냐 그들에게 오래 참으시겠느냐
내가 너희에게 이르노니 속히 그 원한을 풀어 주시리라
그러나 인자가 올 때에 세상에서 믿음을 보겠느냐 하시니라

누가복음 18:1-8

항상 기도하고 낙심치 말라

2011년 8월 28일

항상 기도하고 낙심치 말라

<2011년 8월 28일>

　오늘 저는 여러분과 함께 '항상 기도하고 낙심치 말라'는 제목으로 은혜를 나누고자 합니다. 기도해 본 사람은 응답이 속히 오지 않아서 낙심한 적이 있을 것입니다. 예수님께서는 기도가 얼마 동안 응답되지 않는다고 해서 낙심치 말고 끈기 있게 버티라고 말씀하십니다. 저는 지난 50여 년의 목회 생활을 하는 동안 수많은 사람과 신앙 상담을 했습니다. 내용은 대개 이렇습니다. "우리 가족은 주일성수를 하고 십일조도 빼놓지 않는데 왜 하나님이 기도 응답을 안 해 주실까요?" 혹은 "저는 몇 년째 남편의 구원을 위해 기도하고 있는데 아무 소식이 없습니다." 또는 "병이 낫기를 위해 늘

기도하는데, 왜 병이 낫지 않습니까?" 우리는 누구나 신앙생활을 잘하려고 노력하고 기도하는데, 기도가 속히 응답되지 않아서 낙심할 때가 있습니다.

몇 년 전 한 조사에 의하면 한국 교회 성도들의 하루 평균 기도 시간이 24분 25초라고 발표한 적이 있습니다. 그전 조사 자료에는 평균 27분이었는데, 점점 기도 시간이 줄어들고 있다는 것입니다. E. M. 바운즈Bounds는 『기도의 능력』에서 기도에 대해 이렇게 말했습니다. "마귀는 무엇보다 그리스도인이 기도하는 것을 방해하려고 합니다. 마귀는 기도가 빠진 성경 공부, 기도가 없는 봉사 등 기도가 없는 종교는 하나도 겁내지 않습니다. 마귀는 오직 우리가 기도할 때 두려워합니다." 많은 사람이 기도하는데도 응답이 속히 오지 않는다고 낙심합니다. 그러나 우리는 응답될 때까지 인내하며 고집을 부리고 낙심하지 말고 끝까지 참고 부르짖어야 합니다.

과부의 호소

누가복음 18장 3절 말씀을 보면 과부의 호소가 있습니다. 이 과부는 아무도 자신을 도와줄 자가 없었어요. 남편이 세상을 뜨고 일가친척도 없는 것 같습니다. 그러니까 억울한 일을 당했는데 그 억울함을 풀 수가 없습니다. 마음에 원한이 되었습니다. 그냥 한번 지나가는 억울함이 아니라 원한이 되어서 사라지지 않는 마음의 병이 된 것입니다. 그래서 그 도시에 재판관에게 나가서 "내 원수에 대한 나의 원한을 갚아 주십시오"라고 부탁했습니다. 그런데 재판관이 속으로 너털웃음을 웃었어요. '네가 누구기에 나에게 와서 원수에 대한 원한을 갚아 달라고 하느냐? 네가 무슨 지위나 명예나 권세가 있느냐? 배경이나 돈이나 학식이 있느냐? 아무것도 없지 않으냐? 내가 무엇 때문에 너를 위해서 애쓰겠느냐?' 재판관은 이 여인의 간구를 무시했습니다. 이 여인에게는 그 원한이 너무 힘겨웠습니다. 우리도 이럴 때가 많습니다. 우리의 원수는 사람이 아니고 그 배후에 있는 마귀입니다.

"우리의 씨름은 혈과 육을 상대하는 것이 아니요 통치자들과 권세들과 이 어둠의 세상 주관자들과 하늘에 있는 악의 영들을 상대함이라"_에베소서 6:12

여러분, 사람을 미워하지 마십시오. 사람을 그 배후에 있는 마귀가 조종하는 것입니다. 우리도 사람인 이상 예수님 안에 있지 아니하면 언제든지 마귀의 밥이 될 수 있습니다. 마귀는 사람들을 통해서 도적질하고 죽이고 멸망시키는 일을 하는 것입니다요 10:10. 그렇기에 사람을 미워하지 말고 그 배후에 있는 원수 마귀를 예수 이름으로 내어 쫓고 대적해야 하는 것입니다. 또한 마귀는 우리가 기도를 못 하게 막습니다. 내가 기도를 못 하도록 막을 뿐 아니라 기도가 하늘에 상달되는 것을 막습니다. 이 마귀는 아주 인내력이 강한 놈입니다. 그러므로 우리는 마귀와 싸울 때 마귀보다 더 굳센 결심을 해야 합니다. 예수님께서는 원한 맺힌 과부의 소원에 대해 말씀하고 있습니다. 원한이란 쉽게 물러서지 않는 마음을 말합니다. 그냥 소원이 아닙니다. 원한입니다. 그 원한은 포기할 수 없는 소원입니다. 그냥 지나가는 생각으로 '응답해 주셔도 좋고 안 해 주셔도 좋고' 이러한 속마음이 있으면 그 기도가 절대로 상달되지 못하게 마귀가 막는 것입니다. 원한이란 마음을 굳게 먹고 뒤로 물러가지 않고 포기하지 않고 매달리는 것을 말하는 것입니다.

여러분, 성경에 보면 '한나'라는 여인의 간절한 기도와 간구의 모습이 기록되어 있는 것입니다삼상 1:10-12. 한나는 에브라임 사람 엘가나의 아내로서 오랫동안 아기를 낳지 못하자 엘가나는 브닌나라는 첩을 두어 아들을 낳았습니다. 그러니까 브닌나가 얼마나 한나를 무시하고 천대했던지 한이 사무쳤습니다. 그냥 소원이 아닙니다. 한에 사무쳐서 성전에 가서 기도하는데 한이 마음에 꽉 들어찼기에 말이 안 나와서 입만 들썩거립니다. 우리도 그렇지 않습니까? 어느 정도 되어야 말이 나오지, 너무 답답하면 말이 탁 막혀서 안 나옵니다. 엘리 제사장이 가만히 보니까 여자가 와서 입만 들썩들썩합니다. 그래서 제사장이 "여자여, 왜 대낮부터 술을 마시고 와서 하나님 성전에서 추태를 부리느냐? 술을 끊어라!" 그러니까 한나가 하는 말이 "제사장님, 내가 술에 취해서 그런 것이 아닙니다. 마음에 원한이 사무쳐서 목소리가 나오지 않습니다. 내게 아들 하나를 주시면 그 아들의 머리에 삭도를 대지 않고 헌신해서 하나님께 바치겠습니다. 기도 좀 해 주십시오." 그러니 제사장이 "안심하고 가라"고 말합니다.

여러분, 제사장은 하나님을 대변하는 사람이기 때문에 그가 하나님 대신해서 축복하면 그 축복이 임하는 것입니다. 보통 사람들도 복을 빌면 그 복이 임합니다. 저주하면 저주가 앞길을 막습니다. 그렇기에 기독교 국가에서는 복을 비는 것이 항상 습관이 되어서 사람만 만나면 "God bless you!하나님이 축복하시기 바랍니다"라고 하며 꼭 축복을 빕니다. 저도 제일 처음 해외에 부흥회를 나갔을 때 저를 만나는 사람마다 저에게 "God bless you!"라고 해서 속으로 '자기가 나를 언제 봤다고 자꾸 복을 비는 거지?'라고 생각했었습니다. 그러나 기독교 전통문화에서 하나님의 복을 빌도록 했기 때문에 그것이 습관이 되어서 만나는 사람에게 모두 복을 비는 것입니다. 그러므로 저도 외국인을 만나면 꼭 "God bless you!"라고 말합니다. 그런데 한국의 문화는 그렇지 않아서 "안녕하십니까? 잘 가십시오." 그렇게 말합니다. "하나님이 축복해 주시기 바랍니다"라는 말을 안 하게 되니 죄송한 일입니다.

더구나 주의 종이 축복을 하면 복이 임하고 주의 종이 저주하면 저주가 임합니다. 이 엘리 제사장은 신령한 제사장이 아닙니다. 기도도 잘 안 하고 영이 좀 무딘 제사장이었습니다. 그런데도 그가 한나에게 "편안히 가라. 안심하고 가라"고 말했고, 한나는 그 말을 듣자 하나님께 감사합니다. 그때부터 얼굴을 씻고 눈물을 닦고 몸을 단장하고 음식을 먹고 기쁘게 지냈습니다. 그렇게 1년이 지나자 아들을 낳았는데 그 아들이 바로 유명한 선지자 사무엘입니다. "너희가 땅에서 매면 하늘에서도 매일 것이요 무엇이든지 땅에서 풀면 하늘에서도 풀리리라"마 18:18 하신 하나님 말씀이 이루어진 것입니다. 성경에는 보면 "너희 말이 내 귀에 들린 대로 내가 너희에게 행하리니"민 14:28라고 하나님께서 말씀하신 것입니다. 이렇듯 말은 대단히 중요한 것입니다.

그러므로 여러분, 원한 맺힌 기도, 쉽게 물러서지 않는 기도를 하면 하나님께서 귀를 기울이십니다. 불의한 재판관도 과부를 무시했으나 한 가지가 마음에 걸렸습니다. 원한에 사무쳐서 밤낮으로 부르짖고 기도하는 것입니다. 아침에도 점심때도 저녁때도 부르짖으니 처음에는 무시했으나 나중에는 그 여자만 보면 간이 덜컹 내려앉습니다. 신경쇠약에 걸릴 지경입니다. 그래서 정의감으로 해 준 것이 아니라 밤낮 와서 부르짖으니 견딜 수가 없어서 응답해 주었다고 예수님께서 말씀하십니다. 우리 하나님께서도 이처럼 감당하지 못할 정도로 우리가 호소하기를 원하십니다.

불가능하게 보이는 호소

불가능하게 보이는 이 호소를 무지막지한 재판관도 나중에는 감당할 수가 없었습니다. "어떤 도시에 하나님을 두려워하지 않고 사람을 무시하는 한 재판장"눅 18:2이라고 그를 소개합니다. 그 재판관이 기가 막힌 여인의 호소에 항복하고 만 것입니다. 기막히게 힘들고 절망적인 상황에서도 부르짖음으로 나가면 얼마 동안은 기도 응답이 없는 것 같아도 반드시 흑암의 세력을 뚫고 담을 넘어 응답이 오게 됩니다. 이 과부의 호소에 "그가 얼마 동안 듣지 아니하다가"눅 18:4라고 말씀했습니다. 재판관이 얼마 동안 안 들었으나 오랫동안 안 들을 수가 없어요. 견딜 수가 없어요. 이 여자가 죽든 살든 뒤로 안 물러갔기 때문입니다. 응답받기 전에는 뒤로 물러가지 않겠다는 마음의 각오와 결심이 있었기 때문입니다.

우리 한국 교회가 하나님께 큰 축복을 받고 기적을 체험한 것은 뒤로 물러가지 않는 억척같은 기도 때문입니다. 그 증거가 바로 새벽기도입니다. 외국에는 새벽기도가 없습니다. 억척같은 기도를 안 하고 늦잠 자기 때문에……. 철야도 좀처럼 안 하지요. 더구나 외국에 가보면 기도원이 없습니다. 우리 한국은 새벽기도, 철야기도, 기도원 기도가 있어 억척같이 하나님께 나가서 부르짖어 기도합니다. 그렇기에 하나님도 응답해 주시고 마귀도 물러갈 수밖에 없습니다. 이 불의한 재판관도 과부의 억척같은 호소를 이기지 못하고 항복하고 만 것입니다. 얼마 동안 응답을 안 해도 그것이 응답 안 한다는 표현이 아닙니다. 그러므로 기도할 때 마귀의 저항이 있고, 믿음의 시험 기간이 있을지라도 낙심하지 말아야 합니다.

성경에 보면 하나님의 위대한 종 다니엘이 있습니다. 다니엘이 하나님 앞에 간절히 기도를 했습니다. 하나님께서는 기도 첫날 응답하셨습니다. 그러나 21일 동안 그 기도 응답의 모습은 나타나지 않았어요. 다니엘이 기도할 때 첫날 기도가 상달되어서 하나님은 천사에게 응답을 보냈으나 21일 동안 마귀하고 공중에서 대치했어요. 마귀에게는 기도를 21일 동안 막을 힘이 있었습니다. 그런데 다니엘이 계속 부르짖어 기도하고 낙심치 않고 뒤로 물러가지 않으니까 나중에 마귀의 진이 무너졌던 것입니다 단 10:12-13.

여리고성이 한 번에 무너지지 않았습니다. 여리고성이 매일 한 바퀴씩 돌고 마지막 7일에는 일곱 바퀴를 돌고 난 다음에 부르짖으니까 무너진 것처럼수 6:3-16, 기도를 한 번 하고 응답이 없다고 낙심하지 마십시오. 하나님은 우리의 기도를 시간과 공간을 초월해서 즉시 들으시지만, 원수 마귀가 막을 수 있기 때문입니다.

제가 병자를 위한 기도를 많이 할 때 그날 즉시 기적이 일어나기 위해서는 전날에 하나님께 몇 시간이고 엎드려 기도하며 미리 준비해야 하는 것입니다. 미리 마귀를 붙잡아 놓고 매어 놓은 후 병자를 위해 기도하면 병자들이 척척 낫는데, 그날 즉석에서 병자를 위해 기도하면 좀처럼 병이 낫지 않습니다. 마귀가 기도를 막으니까 기도가 가다가 마귀의 저항에 떨어지고 마는 것입니다.

"그가 내게 이르되 다니엘아 두려워하지 말라 네가 깨달으려 하여 네 하나님 앞에 스스로 겸비하게 하기로 결심하던 첫날부터 네 말이 응답받았으므로 내가 네 말로 말미암아 왔느니라 그런데 바사 왕국의 군주가 이십일 일 동안 나를 막았으므로 내가 거기 바사 왕국의 왕들과 함께 머물러 있더니 가장 높은 군주 중 하나인 미가엘이 와서 나를 도와 주므로 이제 내가 마지막 날에 네 백성이 당할 일을 네게 깨닫게 하려 왔노라 이는 이 환상이 오랜 후의 일임이라 하더라" _다니엘 10:12-14

예수님께서 도적이 오는 것은 도적질하고 죽이고 멸망시키는 것뿐이라고 말씀하십니다. 마귀는 여러분을 어찌하든지 도적질하고 죽이고 멸망시키려고 하나, 예수님이 오신 것은 생명을 얻게 하고 더 풍성히 주기 위해서 오신 것입니다요 10:10. 예수님이 십자가에서 못 박혀 몸 찢고 피 흘려 죽으신 공로가 있기 때문에 예수 그리스도의 이름과 보혈의 능력이 막강한 우군이 되어서 우리가 기도할 때 주의 보혈과 예수 이름으로 기도하면 마귀의 진이 허물어지는 것입니다. 예수님의 이름과 보혈이 아니고는 마귀를 이길 수가 없습니다. 우리가 예수님의 이름을 의지하는 것은 예수님이 십자가에서 마귀와 싸워서 마귀의 진을 훼파했기 때문입니다. 주님이 "다 이루었다"요 19:30라고 외치셨습니다. 마귀의 진을 다 멸한 것입니다. 마귀의 정사와 권세를 빼앗은 것입니다. 그러므로 예수님의 보혈을 의지하고 결심하고 기도하면 마귀의 진이 무너집니다.

기도할 때 '왜 응답 안 하시지? 왜 하나님이 나를 못 본 체하시는 거지?' 그렇게 생각할 때가 많습니다. 마귀가 자꾸 그렇게 말을 하기 때문이에요. "너, 아무리 기도해도 소용이 없다. 하나님은 너를 무시한다. 멸시한다." 그러나 하나님이 그렇게 하는 것이 아니라 마귀가 여러분의 기도를 막고 있다는 것을 알아야 합니다. 그래서 '네가 이기나 내가 이기나 한번 해 보자'라는 각오를 해야 합니다. 예수의 이름과 보혈을 의지하고 나아가는 이상 우리가 반드시 이깁니다. 시간은 걸릴 수 있습니다. 7일이 걸릴 수도 있고, 20일이 걸릴 수도 있고, 1개월이 걸릴 수도 있고, 1년이 걸릴 수도 있습니다. 그러나 낙심하고 뒤로 물러가면 안 됩니다. "나의 의인은 믿음으로 말미암아 살리라 또한 뒤로 물러가면 내 마음이 그를 기뻐하지 아니하리라 하셨느니라"히 10:38고 주님께서 말씀하신 것입니다. 끝까지 참고 견디면 승리할 수 있는 것입니다.

많은 사람이 병에서 낫기 위해 저에게 안수 기도를 받으러 옵니다. 그런데 가만히 보면 기도하고 낫는 사람들의 공통된 점이 있어요. 병들어서 온 사람이 '기도 받아서 병이 나으면 좋고, 안 낳으면 할 수 없지' 하는 마음을 가지고 오면 절대 병이 낫지 않아요. 비장한 각오를 하고 '나는 더는 이 병에 끌려다니지 않겠다. 더는 이런 삶을 살지 않겠다'라는 단호한 마음의 결단으로, 원한을 가지고 병 낫기 위해서 오는 사람들은 안수하면 하나님의 기적이 반드시 일어나게 되는 것입니다.

요즘은 조금 덜 한 것 같지만, 예전부터 우리 여의도순복음교회는 너무 시끄럽게 기도한다고 비난을 많이 받았습니다. 과거에는 우리 교회에 가난하고 헐벗고 굶주리고 병든 사람만 단체를 지어서 온 것 같았습니다. 우리 교회는 전부 가난하고 헐벗고 굶주린 사람들이 모였던 것입니다. 그러므로 기도를 하면 배부른 사람이 조용히 기도하듯이 하지 않고 너무 답답하니까 고함을 치고 몸부림을 치고 야단법석을 했습니다. 이런 기도를 했기 때문에 우리 기도가 장성하고 우리 교회가 커지고 많은 기사와 이적이 우리 교회에 일어나게 된 것입니다. 그리고 우리 교회에서 성도들이 통성으로 기도하고 난 다음에 손뼉 치고 찬송을 불렀는데, 그때도 비난을 많이 받았어요. 교회는 거룩한 곳인데 고함을 치고 기도하고 손뼉 치고 세상에서 놀이하는 것처럼 요란하게 한다고 했어요. 제가 그때 말리지 않은 것은 속이 얼마나 답답한지 알기 때문입니다. 와서 부르짖고 기도하고 난 다음 손뼉이라도 실컷 쳐야 마음에 스트레스가 풀리지 않겠습니까? 그런데 오늘 내가 보고 '야, 우리 성도들이 한 걸음 더 나갔구나' 싶습니다. 이제는 손뼉만 치는 것이 아니라 춤도 춰요. 요사이 가수들이 무대에서 노래할 때 그냥 노래만 하는 법이 별로 없잖아요. 전부 몸을 움직이고 춤을 추는데, 우리 교회도 저렇게 해서라도 마음에 스트레스가 풀리면 좋지 않으냐 그런 생각을 했습니다. 우리가 마음에 스트레스를 갖고 염려, 근심, 불안, 초조, 절망에 짓눌리고 살면 불행합니다. 마음의 즐거움은 양약이라도 마음의 슬픔은 뼈를 마르게 하는 것입니다.

"마음의 즐거움은 양약이라도 심령의 근심은 뼈를 마르게 하느니라"
_잠언 17:22

우리가 마음에 희망을 품고 살아야지 절망을 가지고 살면 사망의 세력에 붙잡히게 되는 것입니다. 아무리 어려운 상황일지라도 몸부림치고 부르짖으며 기도해야 합니다. '죽더라도 나는 더는 비참한 생활을 하지 않겠다. 나는 기어코 이 가난에서, 이 좌절과 절망에서, 이 질병에서 놓임을 받겠다'라는 비장한 각오와 결심을 하고 한이 서린 마음으로 부르짖으면 기도가 응답되는 것입니다. 아무리 마귀가 막아도 안 되는 것입니다. 불의한 재판관이 이 여인을 아무리 무시해도 밤낮으로 부르짖으니까 감당을 할 수가 없었어요. 오늘 여러분도 그와 같은 비장한 각오로 하나님께 나가서 기도하면 놀라운 역사가 일어나는 것입니다.

찬송가 '나 같은 죄인 살리신Amazing Grace'로 유명한 존 뉴턴John Newton은 50세까지 예수님을 믿지 않는 노예 선장이었습니다. 노예들을 아프리카에서 잡아서 미국에 가서 파는 노예 선장이었으니 이 얼마나 흉악합니까? 술 먹고 도박하고 사람을 치고 노예를 잡고 비참한 삶을 살았습니다. 그런데 한 번은 노예를 싣고 대서양을 건너가다가 큰 풍파를 만났습니다. 배가 침몰하게 되니까 예수님께 부르짖기 시작한 것입니다. 등 따숩고 배부를 때는 예수님을 찾지 않았습니다. 풍랑이 일어나고 고난이 다가오니까 예수님을 찾았어요. 그러므로 우리가 좋을 때 예수님을 못 찾더라도 큰 시련과 환란을 당해서라도 찾으면 좋습니다. 어떠한 경우라도 주의 이름을 부르면 하나님은 응답해 주시는 것입니다. '네가 좋을 때는 나를 안 찾더니 어려울 때 나를 찾느냐? 두고 보아라.' 그런 하나님이 아니십니다. 고난 당할 때라도 주님께 부르짖으면 주님은 부르짖는 기도에 응답해 주시는 것입니다. 존 뉴턴은 태평양과 대서양 한가운데서 큰 파도 속에서 회개하고 주님을 믿고 난 다음에 마음에 평안을 얻고 기쁨을 얻어서 그 감격으로 지은 노래가 '나 같은 죄인 살리신'입니다. 그런데 이 찬송이 그에게서 나오게 될 때까지 뒤에서 기도해 준 것은 그의 어머니와 아내였습니다. 그 어머니와 아내가 기도한 기간은 3일이 아닙니다. 3주도 아닙니다. 3개월도 아닙니다. 30년 동안 기도했어요. 아내는 남편을 위해서 30년 동안 기도했습니다. 요사이 그런 아내 좀처럼 없습니다. 30년 동안 집을 돌보지 않고 배만 타고 돌아다니며 방탕한 생활을 하면 벌써 이혼하고 도망쳤을 것입니다. 존 뉴턴의 아내는 30년 동안 남편의 구원을 위해 주님께 부르짖었고, 그 어머니는 30년 동안 그 아들의 구원을 위해서 합심해서 기도했습니다. 그 결과로 하나님이 응답하셔서 태평양에서 풍파를 만나게 하여서 회개시킨 것입니다.

어떤 때는 하나님이 풍랑을 주십니다. 왜냐하면 풍랑을 통해야 우리가 깨어지는 것이니까요. 마귀는 주로 풍랑을 주지만 어떤 때는 지옥에 보내려고 일부러 풍랑을 안 줄 때도 있습니다. 그러므로 우리가 어떤 경우에도 하나님께 믿음으로 부르짖어 기도하면 사망의 음침한 골짜기를 지날지라도 결국에는 해를 받지 않습니다. 주께서 같이 계시기 때문인 것입니다.

"내가 사망의 음침한 골짜기로 다닐지라도 해를 두려워하지 않을 것은 주께서 나와 함께 하심이라 주의 지팡이와 막대기가 나를 안위하시나이다"_시편 23:4

주님이 여러분의 피난처요, 요새요, 의뢰하는 하나님이 되십니다. 그가 날개로 여러분을 덮어 주십니다. 주는 진실하시며, 거짓되지 않습니다. 밤에 놀랄 일과 낮에 흐르는 살과 흑암 중에 행하는 염병과 백주에 황폐케 하는 파멸을 두려워하지 않고 우리가 평안하게 살아갈 수 있는 것은 주께서 보호자가 되시기 때문입니다.

"나는 여호와야훼를 향하여 말하기를 그는 나의 피난처요 나의 요새요 내가 의뢰하는 하나님이라 하리니 이는 그가 너를 새 사냥꾼의 올무에서와 심한 전염병에서 건지실 것임이로다 그가 너를 그의 깃으로 덮으시리니 네가 그의 날개 아래에 피하리로다 그의 진실함은 방패와 손 방패가 되시나니 너는 밤에 찾아오는 공포와 낮에 날아드는 화살과 어두울 때 퍼지는 전염병과 밝을 때 닥쳐오는 재앙을 두려워하지 아니하리로다"_시편 91:2-6

여러분이 누군가를 위해 아무리 기도해도 응답이 없다고 낙심하지 말고 물러나지 마십시오. 예수님은 "하물며 하나님께서 그 밤낮 부르짖는 택하신 자들의 원한을 풀어 주지 아니하시겠느냐 그들에게 오래 참으시겠느냐"눅 18:7라고 말씀하셨습니다. 택하신 자들의 원한이라고 말씀하신 것입니다. 기도를 그냥 놀이 삼아 하지 말고 원한 서린 기도를 하십시오. 대단히 답답한 마음으로 피맺힌 소원을 가지고 원한으로 하는 기도는 하나님이 응답을 안 하실 수 없는 것입니다. 이 시간 예수님이 말씀하십니다. "밤낮 부르짖는 원한의 기도를 하나님이 응답 안 하시겠느냐? 응답하시리라."

저의 친한 친구인 한기총 회장 길자연 목사님은 아버님의 병이 너무나 위중해서 결국 장례를 준비해야 했습니다. 그런데 장례 준

비를 하다가 갑자기 히스기야 왕의 기도가 생각이 났습니다. 히스기야 왕이 병들었을 때 하나님께 통곡하고 기도하니까 하나님이 기도를 들으시고 생명을 15년 연장해 주었다는 그 말씀이 기억 났습니다사 38:1-6. 그래서 장례 준비를 멈추고 무조건 도봉산으로 올라갔습니다. 거기에서 담요 한 장을 덮어쓰고 바위 위에 앉아서 비를 맞으며 간절히 원한에 맺힌 기도를 했습니다. "하나님, 히스기야 왕의 생명을 15년 연장해 주셨으니 우리 아버지 생명도 15년만 연장해 주옵소서." 참 효성스러운 아들입니다. 아버지를 위해서 담요 한 장 덮어쓰고 응답받을 때까지 도봉산 그 바위 위에 앉아서 부르짖어 기도하는 그런 아들은 효성스러운 아들입니다. 그래서 지금 하나님이 길자연 목사님을 크게 축복해 주셔서 큰 교회 목회자요, 한기총 회장까지 되게 한 것입니다. 길자연 목사님은 바위를 붙잡고 계속해서 주님께 부르짖었습니다. 하루 이틀이 아닙니다. 7일 동안 외롭게 앉아서 금식하며 하나님께 부르짖어 기도했는데 마음에 응답이 안 와서 다시 7일 동안 계속해서 부르짖어 기도했습니다. 2주일을 하나님께 금식하며 부르짖어 기도했습니다. 15일째 되는 날 마음에 넘치는 평안함이 오고 하나님이 "나았다"라는 레마를 주신 것을 받았습니다. 그래서 집으로 내려왔는데 장례 준비를 해야 할 정도로 위중하던 아버님이 완쾌되어 있었습니다. 더욱더 놀라운 것은 길자연 목사님의 아버님은 목사님이 기도한 대로 15년 연장을 받으셔서 정확히 15년 3개월을 더 사시다가 천국에 가셨습니다. 하나님이 얼마나 정확하게 응답해 주셨습니까? 우리가 도저히 어찌할 수 없는 절망적인 상황이라 할지라도, 하나님은 우리의 부르짖는 기도에 응답하십니다.

"예수께서 이르시되 할 수 있거든이 무슨 말이냐 믿는 자에게는 능히 하지 못할 일이 없느니라 하시니"_마가복음 9:23

이러한 믿음은 간절한 기도를 통해서 나타나는 것입니다. 우리가 마음에 꿈을 가지고 믿음으로 간절히 기도하면 하나님의 기적이 반드시 일어나게 되는 것입니다. 길자연 목사님이 7일 기도해서 응답 안 한다고 그만 담요를 말고 도봉산에서 내려왔다면 아버님은 바로 세상 떠나셨겠지요. 목사님은 2주일 동안 마음에 평안함이 올 때까지 기도했습니다. 많은 사람이 "하나님이 응답하셨는지 안 하셨는지 어떻게 압니까?"라고 하는데, 우리가 하나님께 집중적으로 기도하면 어느 날 갑자기 마음속에 큰 평안함이 옵니다. 상상할 수 없는 마음에 평안과 확신이 오면서 고요하고 잠잠한 성령의 음성이 들려오는 것입니다. "네 기도가 응답받았다. 네 소원이 성취되었다." 그런 레마가 오는 것입니다. 저는 그것을 많이 체험합니다. 집에서 많이 기도하고 적어도 5시간 이상 엎드려 기도하고 난 다음에 집회 나가서 설교하고 병자를 위해 기도하면 마음에 큰 기쁨과 평안과 함께 레마가 다가옵니다. 사람들이 "어떻게 알고 무슨 병이 나았다. 병이 나았다고 말을 합니까?"라고 물어보는데 어떻게 나았는지는 저도 몰라요. 마음속에 그 깨달음이 오거든요. 강한 확신이 오고 깨달음이 오기 때문에 그런 담대한 이야기를 하고 병자가 낫는 기적을 체험하는 것입니다. 그러므로 기도할 때 마음에 평안함이 오고 고요하고 잠잠한 하나님의 음성이 들릴 때까지 부르짖으십시오. 우리가 기도하면 하나님의 레마가 우리에게 하나님의 뜻을 보여 주시는 것입니다. 그러므로 하나님의 뜻을 알기 위해서 끝까지 참고 기다려야 합니다.

"너는 내게 부르짖으라 내가 네게 응답하겠고 네가 알지 못하는 크고 은밀한 일을 네게 보이리라"_예레미야 33:3

응답받는 기도

응답받는 기도를 하기 위해서는 목표가 분명하고 구체적이어야 합니다. 분명한 목표, 구체적인 꿈을 가지고 기도해야 합니다. 과부가 불의한 재판관에게 와서 뭐라고 말했습니까? "내 원수에 대한 나의 원한을 풀어 주소서"눅 18:3라고 합니다. '내 원수'라고 했습니다. 분명히 내 원수지 그냥 왔다 갔다 하는 불쾌한 사람이 아닙니다. 내 원수에 대해서 나는 원한을 가지고 있습니다. 그러므로 '내 원수에 대한 원한을 갚아 주소서'와 같이 목표가 분명하고 구체적이어야 합니다.

마가복음 10장에 보면 맹인 거지 바디매오가 "다윗의 자손 예수여 나를 불쌍히 여기소서"47절라고 하니 예수님께서 바디매오 앞에 서서 "네게 무엇을 하여 주기를 원하느냐"51절라고 분명한 목표를 물으셨습니다. "선생님이여 보기를 원하나이다"51절 정확한 목표를 말했습니다. 예수님께서 "가라 네 믿음이 너를 구원하였느니라"52절라고 말씀하시니 곧 보게 되어 예수님을 따랐습니다. 명확한 목표를 가지고 꿈을 가지고 한이 서린 기도를 해야 하는 것입니다. 막연한 기도를 하지 마십시오. 정확한 기도를 하기 위해서 글로 적는 것이 참 좋습니다. 저는 명확한 기도를 하려고 할 때 언제나 종이에 적습니다. 내가 원하는 바를 분명히 적고, 그것이 이루어진 모습을 마음속에 그리면서 하나님께 부르짖어 기도하면 훨씬 기도에 힘이 있습니다. 막연하게 이런 말 저런 말 주섬주섬 주워서 우왕좌왕하면서 기도하면 기도에 힘이 없어요. 그러므로 이 과부처럼 분명한 목표를 가지고서 구체적으로 기도하시기 바랍니다.

그리고 하나님을 번거롭게 해야 합니다. 자주 부르짖고 간구하는 기도, 즉 집중적으로 호소를 해야 하는 것입니다. 한두 번 하다가 그만두면 안 됩니다. 아주 번거롭게 해야 합니다. 여러분, 애들이 "엄마, 선물 사줘"라고 할 때, 엄마가 "안돼! 지금 돈 없어. 참고 기다려!"라고 하니까 애가 "알았어" 하고 가버리면 그 아이는 선물을 못 받아요. 어머니에게 핀잔을 들으면서도 부엌에도 따라가고 안방에도 따라가고 건넌방에도 따라가고 엄마에게 계속 사달라고 고집을 부리면 엄마가 안 사줄 수가 없어요. 엄마를 번거롭게 해야 하는 것입니다. 그와 같이 하나님이 여러분의 기도에 번거로움을 느낄 정도로 외쳐야 합니다. 새벽기도, 철야기도, 금식기도, 기도원 기도 등 이러한 것이 바로 하나님을 번거롭게 하는 기도입니다.

재판관은 번거로움과 괴로움 때문에 과부의 호소를 들어준 것입니다. "그가 얼마 동안 듣지 아니하다가 후에 속으로 생각하되 내가 하나님을 두려워하지 않고 사람을 무시하나 이 과부가 나를 번거롭게 하니 내가 그 원한을 풀어 주리라 그렇지 않으면 늘 와서 나를 괴롭게 하리라 하였느니라"눅 18:4-5 하나님도 여러분이 번거롭고 괴로워서 더는 못 견디겠다 하실 정도로 억지를 부리면서 기도하라는 것입니다. 기도는 억지를 부려야 효과가 있습니다.

저도 제자들이 저에게 도움을 청하러 올 때 착한 제자들은 아무엇도 못 얻어가요. 저에게 와서 "목사님, 개척교회 하는 데 돈이 얼마 필요하고, 땅을 사고 집을 사는 데 얼마가 필요하고……" 지금은 내가 은퇴했으니까 그런 걱정 안 하지만 실제 일할 때는 교회는 크지요, 속으로는 돈이 별로 많지 않아도 제자들이 생각하기에는 돈을 쌓아 놓고 있는 줄 알거든요. 그래서 찾아와 도와 달라고 할 때 내가 "여보시오, 우리 교회도 쓸데가 매우 많습니다. 그러므로 지금은 돈이 없으니 안 됩니다"라고 하면 "목사님이 안 도와주시면 저는 안 가겠습니다. 도와주십시오" 하고, 제가 "가라니까!" 해도 "저는 못 가요" 하면서 앉아서 고집을 부리면 '저놈 가라니까 나를 왜 이렇게 괴롭히냐?' 속으로 생각하면서 매우 미워요. 그래서 다시 "나중에 내가 전화로 연락할 테니 좀 가라니까"라고 하면, "전화 연락 안 올 줄 제가 알고 있습니다. 도와주십시오" 하고 억지를 부리면 할 수 없이 원하는 대로는 못 도와주더라도 어느 정도는 도와주고 정 안되면 종이에 적어서 사인해서라도 보내는 것입니다. 그러나 착한 제자는 요사이 우리 교회 재정도 좋지 않고 어려움이 많아서 안 되니까 나중에 보자고 하면 "죄송합니다. 감사합니다. 기다리겠습니다" 하고 가는데 그러면 까맣게 잊어버리고 마는 것입니다.

누가복음 11장 5절로 8절에 보면 예수님께서 우리가 기도를 어느 정도 계속해야 하는지 말씀하십니다. 밤중에 친구가 왔는데 먹을 것이 없었어요. 떡 세 덩어리는 있어야 하는데 집에 떡이 없는 거예요. 시간은 벌써 자정에서 2시쯤 되었는가 봅니다. 이웃집은 떡이 있고 부자이기에 이웃집에 가서 문을 두드렸습니다.

"여보세요, 여보세요, 나 이웃 친구인데, 내 친구가 밤중에 왔는데 먹을 것이 없으니 떡 세 덩이만 빌려주십시오."

"나는 일 다 끝마치고 애들과 함께 잠자리에 들었으니 내일 아침에 오세요. 그러면 내일 아침에 떡을 줄 테니."

"친구가 못 먹어서 굶주려 있어요. 지금 떡을 좀 주세요."

"못 줘요. 나는 지금 자야 해서 안 돼요."

"지금 주세요. 떡 세 덩어리만 주세요."

떡, 떡, 떡, 떡, 떡, 떡! 잠이 다 날아가 버리고 애들도 잠에서 깨고, 이거 떡을 안 주었다가는 밤새도록 떡!, 떡! 해서 잠을 잘 수가 없을 것 같았어요. 그래서 그는 혀를 차며 떡 세 덩어리를 주면서 말합니다. "당신이 이웃 친구이기 때문에 주는 것이 아니라 시끄러워서 주는 거예요."

"또 이르시되 너희 중에 누가 벗이 있는데 밤중에 그에게 가서 말하기를 벗이여 떡 세 덩이를 내게 꾸어 달라 내 벗이 여행 중에 내게 왔으나 내가 먹일 것이 없노라 하면 그가 안에서 대답하여 이르되 나를 괴롭게 하지 말라 문이 이미 닫혔고 아이들이 나와 함께 침실에 누웠으니 일어나 네게 줄 수가 없노라 하겠느냐 내가 너희에게 말하노니 비록 벗됨으로 인하여서는 일어나서 주지 아니할지라도 그 간청함을 인하여 일어나 그 요구대로 주리라"_누가복음 11:5-8

예수님께서 얼마나 간청하는 기도가 필요하다고 느꼈기에 이렇게 불의한 재판관에게 나온 과부의 이야기, 밤중에 찾아온 친구를 위해서 떡 세 덩이를 구하는 사람의 이야기를 하셨을까요? 우리가 인내하며 끝까지 간청하고, 억지를 부리면서 물러가지 않는 기도를 하기 원하시기에 그렇게 말씀한 것입니다.

"엘리야는 우리와 성정이 같은 사람이로되 그가 비가 오지 않기를 간절히 기도한즉 삼 년 육 개월 동안 땅에 비가 오지 아니하고 다시 기도하니 하늘이 비를 주고 땅이 열매를 맺었느니라"_야고보서 5:17-18

엘리야가 이스라엘에 3년 6개월 동안 비가 안 왔을 때, 갈멜산에서 비가 오게 해달라고 어떻게 기도했습니까? 엎드려서 기도하는데 얼마나 기도가 간절했던지 배 창자가 오그라져서 머리가 다리 사이로 들어가 버렸다고 했습니다. 여러분, 그냥 앉아 기도하면 배 창자가 땅길 이유가 없어요. 여러분도 배 창자가 땅기는 기도를 해 본 적 있지요? 막 부르짖으면 배 창자가 땅겨서 허리가 자꾸 구부러지고 다리 사이로 머리가 들어갑니다.

얼마 전에 사랑하는 제자 한 사람이 "목사님, 젊을 때는 어깨가 딱 펴지고 똑바르게 계셨는데 요사이는 왜 이렇게 구부정합니까?" 그래서 제가 "너 때문에 내가 기도를 많이 해서 허리가 굽어졌다"라고 농담 반 진담 반으로 했는데, 실제로 기도를 많이 하면 허리가 구부러지고 머리가 두 다리 사이로 들어가요. 엘리야가 그렇게 간절히 기도하면서 하인에게 "산 위에 올라가서 무슨 증상이 일어나는가 보라"고 말합니다. 종이 올라갔다 내려와서는 "아무것도 안 보입니다"라고 합니다. 엘리야는 또 "올라가서 보라"고 합니다. 종이 올라갔다 내려와서 "아무것도 안 보입니다"라고 합니다. 엘리야는 이렇게 일곱 번을 반복해 기도하면서 종에게 "올라가라!"고 합니다. 종이 일곱 번째 올라갔다가 내려오더니 "손바닥만 한 구름이 떴습니다"라고 하자, 엘리야는 "됐다. 이제 하나님 응답이 온다. 큰비의 소리가 들린다." 그렇게 말했습니다. 엘리야 같은 사람도 한번 기도해서 응답 안 받는다고 포기하지 않았습니다. 배 창자가 땅겨서 머리가 다리 사이로 들어갈 때까지 부르짖어 기도했습니다. 하인에게는 일곱 번이나 산꼭대기에 올라갔다 내려왔다 하면서 정상에서 무슨 증상이 있는지 보라고 말한 것입니다.

여러분, 한번 기도해서 안 되거든 일곱 번 기도하십시오. 이스라엘 백성이 여리고성을 돌았던 것처럼 한번 돌아서 안 되거든 일곱 번 도십시오. 계속해서 부르짖어 기도하면 응답받습니다.

예레미야 33장 3절을 다 같이 한번 읽어 봅시다. "너는 내게 부르짖으라 내가 네게 응답하겠고 네가 알지 못하는 크고 은밀한 일을 네게 보이리라" 묵상하는 것도 좋고 고요한 생각으로 기도하는 것도 좋습니다. 하지만 부르짖어 기도하는 것이 결과가 제일 좋습니다. 답답한 일을 당했을 때 새벽기도, 철야기도, 기도원에 가서 하는 기도 등 온 힘을 다해 부르짖어 기도해야 합니다. 목이 콱 메도록 기도를 해야 합니다. 아름다운 목소리가 나올 정도로 아주 여유가 있다면 목이 메도록 기도하지 않은 것입니다.

그런데 기도할 때 가장 문제가 되는 것은 마귀가 와서 '너는 기도할 자격이 없다'라고 자꾸 말하는 것입니다. '너 같이 죄 많은 놈이 기도한다고 응답받겠느냐? 구원은 받았지만 너 같이 형편없는 놈이 기도한다고 응답하겠느냐?' 그렇게 자꾸 낙심을 주는 것입니다. 저도 요사이 기도할 때 제일 어려운 것은 옛날과 다름없이 마귀가 와서 '너의 기도는 하나님이 응답 안 한다. 네가 하나님이 원하는 만큼 충성스럽게 살았느냐? 올바르게 살았느냐? 하나님 보시기에 너는 죄 많고 허물이 많은 사람이라 기도 응답이 안 된다. 하나님은 죄인의 기도는 응답 안 해 준다' 자꾸 그렇게 하는 것입니다. 그것을 극복해야 해요. 담대하게 나가야 해요. 죄와 허물이 없는 사람이 어디 있습니까? 모든 사람은 죄가 있고 허물이 있습니다. 그래서 예수님이 십자가에서 못 박히신 것이 아닙니까?

"그가 찔림은 우리의 허물 때문이요 그가 상함은 우리의 죄악 때문이라 그가 징계를 받으므로 우리는 평화를 누리고 그가 채찍에 맞으므로 우리는 나음을 받았도다"_이사야 53:5

죄와 허물이 전혀 없는 하나님의 아들이 십자가에 못 박혀 몸 찢고 피 흘려 죽으시면서 여러분과 나의 죄와 허물을 영원히 청산해 버린 것입니다. 예수의 피를 의지하면 죄를 한 번도 안 지은 것처럼 허물이 한 방울도 없는 것처럼 만들어 주시는 것입니다. 그러므로 마귀가 아무리 장난을 쳐도 예수 그리스도의 이름과 보혈을 의지하고 나아가면 가슴 펴고 하나님 앞에 부끄럼 없이 설 수 있는 자격이 생깁니다. 한번 따라 말씀하세요.

"나는 예수님의 보혈로 하나님 앞에 부끄러움 없이 나아갈 수 있는 자격이 있다. 아멘. 할렐루야."

그러므로 여러분은 예수 그리스도 안에서 사랑받고 있습니다. 여러분이 아주 못났을 때도 사랑해서 구원해 주었는데 이제 구원 받아서 교회까지 나오는 여러분을 얼마나 더 사랑하겠습니까? 여러분이 무척이나 훌륭하고 잘나서 예수님이 여러분을 구원한 것 아닙니다. 죄 가운데 있을 때, 세속에 빠져 있을 때, 마귀의 종이 되어 있을 때, 그때 여러분을 사랑해서 사망에서 건져 주신 예수님이 이제는 주님께 나와 구원받아 중생하여 성령의 전이 되어 있고 주님을 섬기는 데 여러분을 얼마나 더 사랑하시겠습니까?

이사야 43장 1절과 4절의 말씀에 귀를 기울여 보십시오. "야곱아 너를 창조하신 여호와_{야훼}께서 지금 말씀하시느니라 이스라엘아 너를 지으신 이가 말씀하시느니라 너는 두려워하지 말라 내가 너를 구속하였고 내가 너를 지명하여 불렀나니 너는 내 것이라… 네가 내 눈에 보배롭고 존귀하며 내가 너를 사랑하였은즉 내가 너 대신 사람들을 내어 주며 백성들이 네 생명을 대신하리니" 이 말씀을 보십시오. "내가 너를 구속했다"라고 하십니다. 여러분이 구속한 것 아닙니다. "내가 너를 지명해서 불렀고 너는 내 것이다. 네가 내 눈에 보배롭고 존귀하며 내가 너를 사랑한다"라고 하셨습니다. 여러분, 주님 앞에 여러분은 여간지히 귀하지 않습니다. 그러므로 자격지심에 빠지지 말고 마귀의 참소에 겁먹지 마십시오.

"너희가 나를 택한 것이 아니요 내가 너희를 택하여 세웠나니 이는 너희로 가서 열매를 맺게 하고 또 너희 열매가 항상 있게 하여 내 이름으로 아버지께 무엇을 구하든지 다 받게 하려 함이라"_요한복음 15:16

여러분이 기도할 때 마귀가 참소하더라도 예수님이 나를 택했고 나를 불러서 내가 열매 맺기를 원하기 때문에 예수 이름으로 구하면 응답을 안 해 줄 리가 없습니다. 그러니 "사탄아, 물러가라!" 외치며 마귀를 대적하면 마귀가 한 길로 왔다가 일곱 길로 도망치고 맙니다신 28:7. 그리고 하나님은 불의한 재판관이 아닙니다. 나쁜 재판관이 아닙니다. 좋으신 하나님입니다. 사랑의 하나님입니다. 불의한 재판관도 과부의 간절한 호소에 항복하고 응답해 주었는데 하물며 좋으신 하나님, 여러분을 사랑하는 하나님께서 어찌 여러분의 기도를 안 들어주시겠습니까? 오래 참으시지 않습니다. 포기하지 말고 뒤로 물러가지 마십시오.

"주께서 또 이르시되 불의한 재판장이 말한 것을 들으라 하물며 하나님께서 그 밤낮 부르짖는 택하신 자들의 원한을 풀어 주지 아니하시겠느냐 그들에게 오래 참으시겠느냐 내가 너희에게 이르노니 속히 그 원한을 풀어 주시리라 그러나 인자가 올 때에 세상에서 믿음을 보겠느냐 하시니라"_누가복음 18:6-8

하나님은 좋으신 하나님이고 여러분을 택해서 부르셨고 응답해 주기를 원하시는 하나님이라는 것을 잘 안 믿을 때가 있습니다. 마귀의 말을 듣고 의심하고 불안해 하기 때문에 응답이 안 오는 것입니다. 오늘 이 시간에 여러분은 예수 그리스도를 통해서 하나님이 얼마나 큰 사랑과 은혜를 베풀고 계신지를 확실히 믿으십시오. 강하고 담대하십시오. 여러분은 하나님의 자녀입니다. 하나님이 능력을 주십니다. 하나님은 여러분이 열매 맺도록 부르셨기에 열매 맺는 것이 정상적이고 기도 응답의 열매를 못 맺는 것은 비정상적인 것입니다. 응답받는 것이 정상적입니다. 그러므로 여러분, 낙심하지 말아야 합니다. 응답받기 위해서는 좋으신 하나님이라는 생각으로 하나님을 바라보고 끈질기게 믿고 인내하면 문제가 해결되고 원한은 풀어 주실 거라고 입으로 시인하며 담대하게 나가야 합니다. 하나님이 여러분을 사랑한다는 확실한 믿음을 가지고 희망찬 꿈을 버리지 마십시오. 그럴 때 응답은 옵니다. 반드시 꿈은 이루어집니다. 하나님이 복을 주십니다. 여러분의 영혼이 잘됨 같이 범사에 잘되며 강건하게 됩니다요삼 1:2. 그러니 여러분은 그런 꿈과 희망을 믿으십시오. 믿음이라는 것은 현재 있는 것을 믿는 것이 아닙니다. 없는 것을 있는 것같이 믿는 것입니다. 지금 환경을 바라보면 도저히 그런 것이 없어 보입니다. 환경은 비바람이 불고 풍랑이 일고 도저히 꿈과 희망이 없어 보입니다. 그러나 마음속에 없는 것을 있는 것같이 믿는 것이 믿음이기 때문에 믿으십시오.

아브라함은 믿음의 용사입니다. 100세에 아들을 낳을 것을 믿었습니다. 어떻게 그럴 수 있었을까요? 하나님의 약속이 있었기 때문입니다. 약속은 85살에 받았으니 15년을 기다린 것입니다. 여러분의 나이가 90이 되었는데, 아브라함이 100세 아들을 낳았으니 '나도 낳을 것이다' 생각할 수는 없습니다. 왜냐하면 아브라함은 하나님의 약속의 말씀이 있었거든요. 물론, 여러분도 말씀을 받았으면 그렇게 할 수 있어요. 그러나 말씀이 없는데 그렇게 될 거라 생각하는 것은 자가당착自家撞着이지요.

여러분, 하나님의 말씀이 여러분 안에 있고, 그 말씀을 믿었다면 절대로 낙심하지 말고 믿으십시오. 입술로 자기를 격려하십시오. 사람들이 격려해 주지 않아도 자기가 자기를 격려해야 합니다. "나는 할 수 있다. 나는 하면 된다. 해 보자. 응답해 주신다. 하나님의 기적은 일어난다." 자꾸 긍정적인 말로 시인을 해야 하는 것입니다. 그렇게 시인할 때 희망찬 꿈은 더 찬란해지고 믿음은 더욱더 강해지고 확신은 더욱더 두터워지는 것입니다. 우리는 입술의 말로 묶이고 입술의 말로 사로잡힙니다. 죽고 사는 권세가 혀에 있습니다. 그러므로 혀를 사용하기 좋아하면 그 열매를 반드시 먹게 되는 것입니다잠 18:21.

　오늘 여러분은 하나님께 기도해서 반드시 응답받기를 간절히 축원합니다. 하나님은 여러분을 위해서 모든 것을 미리 알고 예비해 놓으셨습니다. 그러나 하나님은 여러분을 시험해 보시는 것입니다. 광야에 5천 명, 남녀 어린아이 합쳐서 2만 명이 왔을 때 주님은 어떻게 할 줄 알고 계셨습니다. 이미 모든 것을 마음에 알고 계시면서 빌립을 시험했습니다. "빌립아, 저들에게 먹을 것을 주어라." 빌립이 과연 할 수 있다고 생각하는지, 희망찬 꿈을 가졌는지, 빌립이 믿고 있는지, 믿는다고 시인하는지 주님이 시험을 본 것입니다. 이 시험에서 빌립은 낙제했고 먹지 못했어요. 그러나 열두 제자 중에서 아이큐가 조금 모자란 안드레는 그 옆에서 듣고 있다가 '아, 주님이 먹이라고 하니까 못 먹일 것 없다'라고 생각했습니다. 그는 인간 생활은 사람의 힘으로만 살 것이 아니라 플러스알파 주님이 오시면 기적이 일어난다는 것을 생각하고 그 많은 사람이 먹고 기뻐할 것을 꿈꾸고 믿었습니다. 그래서 다니면서 "누구 먹을 것 있어요? 먹을 것 있어요?" 외치며 찾아다녔습니다. 그때 어린아이가 예수님이 병 고치고 기적을 행하는 것을 보느라 정신이 팔려서 엄마가 싸준 도시락을 잊고 있다가 생각이 나서 먹으려는 것을 안드레가 보고 덮쳤습니다. "야, 너 혼자 먹지 말고 예수님께 드리면 예수님이 이것을 축복하실 거야. 그러면 기적이 일어나서 이 모든 사람이 다 먹을 수가 있단다." 빌립은 안드레를 보고 고개를 흔들었습니다. '평소에도 아이큐가 모자라더니 이렇게 모자랄 줄 몰랐다. 몇만 명이 모였는데 보리떡 다섯 개와 물고기 두 마리를 가지고 모두를 먹인다고?' 안드레는 예수님을 생각했으나, 빌립은 예수님을 계산에 안 넣었습니다. 여러분, 우리는 모두 세상에 살면서 매일같이 예수님을 넣어 계산하지 않아요. 예수 믿는 사람은 예수님을 계산에 넣어야 합니다. 그러면 희망찬 꿈을 가질 수 있는 것입니다. 안드레는 예수님을 계산에 넣었기 때문에 할 수 있다고 생각하고 희망찬 꿈을 가지고 믿었습니다. 그래서 "주님, 이 많은 사람에게 이것 가지고 무엇이 되겠습니까만 이것을 가지고 나왔습니다"라고 한 것 입니다. 주님께서는 빌립을 물리치고 안드레와 함께 보리떡 다섯 개와 물고기 두 마리에 축사하고 떼어 주니 남는 부스러기를 열두 바구니나 거둘 정도로 다 배불리 먹였습니다.

하나님은 여러분에게 응답할 것을 알고 계세요. 해답을 알고 계세요. 그러나 빌립과 같이 시험에 낙제하면 안 돼요. 하나님이 반드시 나에게 좋으신 하나님으로 응답해 준다는 긍정적인 생각을 가져야 해요. 응답받아 기적이 일어날 꿈을 가져야 해요. 그리고 믿어야 해요. 입술로 자기를 자꾸 격려해야 해요. "할 수 있다. 하면 된다. 해 보자. 기적이 일어난다. 좋은 일이 일어난다. 합력하여 유익이 일어난다." 그렇게 하면 시험에 합격하고 그를 통해서 기도하면 마귀도 물러가고 하나님이 응답해 주시는 것입니다.

많은 일이 기도로 응답될 수 있습니다. 여러분의 문제가 해결될 수 있습니다. 기도하고 믿지 않기 때문에 문제가 해결되지 못하는 것입니다. "너희가 없는 것은 구하지 아니함이요 구하여도 받지 못함은 믿음으로 구하지 않기 때문이다"라고 성경이 말씀하는 것입니다. "없는 것은 구하지 않기 때문이다. 구하라 주실 것이요." 주님은 가만히 있는데 주겠다고 말하지 않았습니다.

"구하라 그리하면 너희에게 주실 것이요 찾으라 그리하면 찾아낼 것이요 문을 두드리라 그리하면 너희에게 열릴 것이니 구하는 이마다 받을 것이요 찾는 이는 찾아낼 것이요 두드리는 이에게는 열릴 것이니라 너희 중에 누가 아들이 떡을 달라 하는데 돌을 주며 생선을 달라 하는데 뱀을 줄 사람이 있겠느냐"_마태복음 7:7-10

여러분, 좋으신 하나님이 여러분에게 좋은 것을 주시길 원하십니다. 저는 여러분 모두 응답받기를 예수 이름으로 축원합니다.

기도

전능하신 하나님 아버지시여, 하나님은 좋으신 하나님으로 우리가 구하고 찾고 부르짖기를 기다리고 계신 줄 알고 있습니다. 마귀는 우리를 낙심시키고 우리의 기도를 막아서 하늘에 상달되지 못하게 하지만, 우리가 끈질긴 믿음을 가지고 꿈을 가지고 낙심하지 않고 부르짖어 기도하면 반드시 원수의 진은 무너지고 응답은 다가오는 줄 믿습니다.

하나님 아버지, 우리 성도들이 기도를 통하여 하나님께 부족함 없는 축복을 받고 누리고, 하나님의 영광을 위해서 살다가 천국 가게 도와주시옵소서. 예수님 이름으로 기도합니다. 아멘.

요약

1. 과부의 호소

성경에 한 과부는 억울한 일을 해결 받기 위해 포기하지 않고 재판관을 찾아가 문제를 해결 받았습니다. 우리도 기도할 때 이 과부와 같은 마음의 원한을 가지고 기도해야 합니다. 원한은 쉽게 물러서지 않는 마음이며 포기할 수 없는 소원입니다. 예수님은 우리가 기도할 때 이처럼 감당하지 못할 정도의 호소로 기도해야 한다고 가르쳐 주셨습니다.

2. 불가능하게 보이는 호소

불의한 재판관도 여인의 간구를 감당할 수 없자 그 억울함을 풀어 주었습니다. 우리도 피맺힌 소원을 가지고 하나님께 기도하면 하나님이 응답하지 않을 수 없습니다. 당장은 응답이 없는 것 같아도 반드시 하나님의 응답은 흑암의 세력을 뚫고 우리에게 오게 될 것입니다.

3. 응답받는 기도

응답받는 기도는 목표가 분명하고 구체적이어야 합니다. 우리는 하나님의 응답이 올 때까지 반복적이고 집중적으로 기도해야 합니다. 간절히 호소해야 합니다. 참소하는 마귀를 물리치며 좋으신 하나님을 의지하여 기도하면 반드시 응답은 우리에게 다가오게 됩니다.

예레미야가 아직 시위대 뜰에 갇혀 있을 때에
여호와야훼의 말씀이 그에게 두 번째로 임하니라 이르시되
일을 행하시는 여호와야훼, 그것을 만들며 성취하시는 여호와야훼,
그의 이름을 여호와야훼라 하는 이가 이와 같이 이르시도다
너는 내게 부르짖으라 내가 네게 응답하겠고
네가 알지 못하는 크고 은밀한 일을 네게 보이리라
예레미야 33:1-3

너는 내게 부르짖으라 내가 응답하겠고

2015년 11월 1일

너는 내게 부르짖으라
내가 응답하겠고

<2015년 11월 1일>

오늘 저는 여러분과 함께 '너는 내게 부르짖으라 내가 응답하겠고'라는 제목으로 말씀을 나누고자 합니다. 주님은 우리가 응답받을 수 있는 자격을 구비하길 원하십니다. 우리는 언제 해결하기 어려운 문제에 부딪힐지 상상도 못 합니다. 그러나 문제에 부딪힐 때 거의 모든 사람이 그 마음속에 기도를 드립니다. 인간은 전능하지 못하기 때문에 '나는 어려운 일을 당해도 끄떡없다'라고 생각하는 사람은 아무도 없습니다.

찰스 스펄전 목사는 "문제 해결을 위해서 10년 동안 걱정하는 것보다도 10분 기도하는 것이 훨씬 낫다"라고 했습니다. 기도는 전능하신 우리의 하나님께 도와 달라고 두 손을 높이 들어 하나님을 붙잡는 것입니다.

"그가 내게 간구하리니 내가 그에게 응답하리라 그들이 환난 당할 때에 내가 그와 함께 하여 그를 건지고 영화롭게 하리라"_시편 91:15

하나님이 얼마나 우리의 기도를 응답해 주시기를 원하시는지 우리가 부르기도 전에 하나님이 응답하신다고 성경에 기록해 놓으셨습니다. "그들이 부르기 전에 내가 응답하겠고 그들이 말을 마치기 전에 내가 들을 것이며"사 65:24 우리가 부르기 전에 이미 응답하고, 기도가 끝나기 전에 결과로 응답을 주신다니 이 얼마나 좋습니까? 그러므로 오늘날 우리가 기도할 때, 부르짖을 때 하나님께서 응답하시려고 귀를 기울이고 계신다는 것을 알아야 합니다. 우리가 기도하기 위하여 작전계획을 세워서 하나님께 나오면 모두 응답받을 수 있습니다.

많은 사람이 질병에서 낫기 위해 저에게 안수기도 받기를 원합니다. 그런데 가만히 그 사람들을 비교해 보면 기도 응답을 받고 나가는 사람과 응답받지 못 받고 나가는 사람과는 분명한 차이가 있습니다. 기도 받기 원해서 나온 사람 중에 '하나님이 응답해 주실지 안 해 주실지 어떻게 알아? 응답받으면 좋고 또 안 받으면 그뿐이다.' 그렇게 부정적인 응답을 마음속에 미리 가지고 온 사람은 절대로 응답 못 받습니다. 그런 마음이면 아예 기도 받으러 올 필요가 없는 것입니다. 응답받는 사람은 '나는 더는 이 병에 끌려다니지 않겠다. 나를 죽이실지라도 믿겠다'라는 단호한 마음과 뜨거운 소원을 품고 오는 사람들은 안수하면 하나님을 만나게 되는 것입니다. '응답받아도 좋고 못 받아도 그뿐이다'라고 생각하는 사람들은 기도해도 소용이 없는 것입니다. '반드시 이 기도는 응답을 받아야 하겠다. 죽으면 죽으리라'는 마음의 결단을 가지고 뜨거운 소원을 마음속에 품고 오는 사람은 하나님이 무시하지 아니하시는 것입니다. 응답받는 기도를 위해서는 우리가 준비해야 하는데, 오늘 그 준비에 관해서 이야기 나누고자 합니다.

하나님과 막힌 담을 허물라

하나님과 우리 사이를 가로막는 담을 헐어야만 합니다. 우리가 그냥 하나님께 나와서 "응답해 주시옵소서"라고 기도하지 말고, 먼저 하나님과 우리 사이에 막힌 담을 헐게 해 주시기를 기도하면서 하나님과 화목해야 합니다. 하나님과 서로 원수 된 사이에서는 기도 응답을 받을 수가 없는 것입니다. 그러므로 하나님과 우리 사이에 있는 죄악의 담을 헐어야 합니다. 하나님과 우리 사이에 있는 막힌 담을 헐어버리면 응답을 받을 수 있는 것입니다.

"내 이름으로 일컫는 내 백성이 그들의 악한 길에서 떠나 스스로 낮추고 기도하여 내 얼굴을 찾으면 내가 하늘에서 듣고 그들의 죄를 사하고 그들의 땅을 고칠지라"_역대하 7:14

"내가 나의 마음에 죄악을 품었더라면 주께서 듣지 아니하시리라"_시편 66:18

하나님은 엄청나게 죄를 미워하시기 때문에 내 죄를 가슴에 담고 하나님께 나아가면 좋아할 리가 만무합니다. 내가 하나님께 범죄하여 회개하고, 자복한다고, 가슴을 치고, 몸부림치고, 울고, 상처 입은 마음을 가지고 나오면 하나님은 그것을 무시하지 않습니다. 용서해 주시고 마음의 상처를 고쳐 주시는 것입니다.

"하나님께서 구하시는 제사는 상한 심령이라 하나님이여 상하고 통회하는 마음을 주께서 멸시하지 아니하시리이다"_시편 51:17

우리는 하나님 앞에 죄와 허물만 있는 것이 아니라 의무를 다해야 하는데, 의무를 다하지 못하는 죄도 있습니다. 주일날 교회 안 나오고 친구들과 놀러 간 것, 이게 무슨 죄를 지은 거냐고요? 이것은 안식일을 거룩히 지켜 하나님을 섬기라는 의무를 다하지 않은 것입니다 출 20:8. 십일조도 마찬가지입니다. '요새 경제가 어려운데 하나님이 요구한다고 십일조를 다 드릴 수가 있느냐? 하나님께서 눈 감아 주시겠지'라고 생각한다면 이는 우리의 의무를 다하지 못하는 것입니다. 이 또한 하나님과 막힌 담이 되는 것입니다.

또 하나님과 우리 사이를 막는 잘못된 태도가 있습니다. 그것은 성령님이 우리에게 죄를 회개하라고 하시면 변명을 하는 것입니다. 사사건건 자기의 죄를 정당화하고, 죄를 안 지었다고 말합니다. 자기의 죄를 변명하고 회개하지 아니하면 하나님이 버리시는 것입니다. 죄를 회개하면 여간 큰 죄라도 하나님이 불쌍히 여겨 주시는데, 작은 죄라도 변명하고 자기 탓으로 돌리지 않고 남 탓으로 돌리면 하나님이 저주하시는 것입니다.

하나님이 아담과 하와를 그렇게 사랑스럽게 만들었지만, 선악과를 따먹은 죄를 회개하지 아니하고, 하나님이 "아담아, 어찌하여 선악과를 먹었느냐?"라고 물으실 때, "아버지가 나에게 만들어 주신 저 여자, 내 아내가 꾐으로 내가 먹었습니다"라며 하와 탓을 합니다. 하와는 어떠했나요? "저 뱀이 나를 꾀었기 때문에 먹음직하고 보암직하고 지혜를 얻을 만큼 탐스러워 보여 내가 먹고 남편에게도 주었습니다"라고 합니다. 전부 자기 탓으로 돌리지 않고 남 탓으로 돌렸습니다. 그러므로 하나님이 저주를 내리신 것입니다. 하나님은 스스로 자백하는 것을 참 좋아하십니다.

"만일 우리가 우리 죄를 자백하면 그는 미쁘시고 의로우사 우리 죄를 사하시며 우리를 모든 불의에서 깨끗하게 하실 것이요"_요한1서 1:9

목표를 분명히 하라

우리가 하나님 앞에서 기도 응답을 받으려면 목표를 분명히 정해야 합니다. 방만하게 흩어져서 기도하면 안 됩니다. 확대경으로 종이에 구멍을 뚫을 때는 초점을 딱 맞추고 있으면 연기가 몰씬몰씬 나면서 구멍이 뚫어지게 되는 것입니다. 기도도 초점을 맞춰야 합니다. 제가 언제나 말하는 것처럼 하나님께 기도 응답받기 원하는 것을 수첩에 적든지 종이에 적어 벽에 붙여 놓고 그것에 집중해서 기도해야 합니다. 이 기도했다가 저 기도했다가 방만하게 정신없이 오락가락하면 그 기도는 응답되지 않습니다.

아브라함이 75세에 갈대아 우르를 떠나 가나안으로 와서 아들을 달라고 기도한 것이 10년을 기도해서 85세가 되어도 응답해 주지 않으셨습니다. 왜냐하면 아브라함이 기도를 방만하게 했기 때문입니다. 이 기도했다가 저 기도했다가, 여기서 했다가 저기서 했다가. 그래서 하나님께서 아브라함을 저녁에 천막 밖으로 나오라고 해서 정확히 보여 주십니다.

"하늘을 쳐다보아라. 뭐가 보이느냐?"

"별이 보입니다."

"얼마나 있느냐?"

"많이 보입니다."

"너의 자손이 저 별처럼 많을 것이다."

하늘을 쳐다봤으면 별에 집중해야 합니다. 그리고 믿음으로 기도해야 합니다. "하나님께서 내 자손이 저 별처럼 많다고 하셨으니 별처럼 많은 자손을 주소서. 저에게 아들을 주시옵소서"라고 말입니다. 집중하면 희한하게 믿음이 쉽게 생깁니다. 사람들이 기도해도 자꾸 믿음이 안 생긴다고 하는데, 그것은 바라봄의 법칙을 사용하지 않았기 때문입니다. 내가 응답받기 원하는 것을 집중해서 바라보면 바로 마음에서 믿음이 생기는 것입니다.

제가 오스트레일리아에 가서 교역자 수양회를 열었는데, 한국으로 돌아올 날이 되어서 목사님들에게 부탁했습니다. 그들에게 제가 여기 와서 강연한 것이 헛되지 않기 위해서 좀 도와 달라고 했습니다. 그들 중에는 제가 큰 교회를 목회하라고 하면 "큰 교회는 좋지 않고 작은 교회가 아름답다"라고 말하는 사람이 있습니다. 하지만 그건 답답해서 하는 말이겠고, 제가 "다들 큰 교회에서 목회하고 싶지요?"라고 물으면 "예"라고 대답합니다. 그러면 제가 노트를 가지고 와서 저와 같이 기도하고, 5년 이내에 성장시킬 교회 평수와 교인 수를 적으라고 했습니다. 그리고 그 적은 걸 사무실 책상에 붙여 놓고 매일같이 바라보며 믿음으로 기도하면 희한하게 마음에 믿음이 생겨나고, 믿음이 생겨나면 교회가 부쩍부쩍 성장하게 될 거라고 말하니 모두가 말도 안 된다는 식으로 크게 웃더라고요. 그러면서 "우리 오스트레일리아에 있는 사람들은 여행을 좋아하고, 관광을 좋아하고, 운동을 좋아하기 때문에 교회에 나올 기회도 시간도 별로 없습니다." 그러는 거예요. 그래서 제가 "이거 장난이 아닙니다. 그냥 있으면 아브라함이 10년 동안 기도해도 응답받지 못한 것 같이 교회성장에 응답을 못 받습니다." 그랬더니 그들이 적기는 적었는데, 거의 장난삼아 어떤 사람은 5년 후에 3백 명, 또 다른 사람은 5백 명의 교인이라고 적었습니다. 그런데 저와 동년배 가까운 한 성령 운동하는 목사님이 5천명을 적어 놨습니다. 그래서 제가 칭찬을 하고 감사하다고 말했는데, 한국으로 돌아왔다가 그 이듬해 또 오스트레일리아에 가게 되었습니다. 그때 그 할아버지 목사님이 공항에 마중 나와서 "목사님, 목사님이 시키는 대로 늘 내가 원하는 교회를 바라보며 기도하자, 그 교회가 마음속에 지금 그려져 있으며 쟁쟁한 믿음을 가지고 있습니다"라고 했습니다. 그리고는 "목사님이 오셔서 강연하기 전에는 오스트레일리아 하나님의성회 소속 교회가 10년 동안 한 교회가 설립되면 다른 한 교회가 문을 닫아서 교회성장이 제로였는데, 한 해 동안에 바라봄의 법칙을 통해서 교회가 100% 성장했습니다"라고 말했습니다. 2년 전에 그 목사님 아들이 한국 교역자 세미나에 참석했기에 제가 반갑게 맞이했습니다. 그때 그 아들 목사님이 저에게 "아버지가 은퇴하시고 저에게 교회를 넘겨주셨는데 지금은 8천 명이 나오는 교회를 목회하고 있습니다." 여러분, "네 믿음대로 될지어다." 장난으로 하는 말이 아닙니다.

예수님께서는 나사로가 죽어 무덤에 들어간지 나흘이 되어 썩은 냄새가 나는데도 불구하고 마르다에게 "내가 네게 말하노니 네가 믿으면 하나님의 영광을 보리라고 하지 않았느냐?"라고 말씀하셨습니다요 11:40. 믿음이란 특별한 힘입니다. 휘발유에서 엔진이 돌아가는 힘이 나오죠? 모든 공장 기계는 전기로 돌리죠. 또 수력발전은 물을 이용해서 전기를 발생시키죠. 그러나 이 세상에는 사람들의 눈으로 보지 못하고 귀로 듣지 못하고 손으로 만질 수는 없는 에너지가 있는데 그것이 바로 믿음의 에너지입니다.

"할 수 있거든이 무슨 말이냐 믿는 자에게는 능히 하지 못할 일이 없느니라 하시니"_마가복음 9:23

여러분은 굉장한 에너지를 가지고 있습니다. 그것이 무엇인지 모르고 지금 지나치고 있지만, 회개하고 예수를 믿고, 믿음으로 기도하며 "믿습니다" 하고 나아가면 능치 못할 일이 없다고 주님께서 말씀십니다. 그 믿음을 통해서 하나님의 특별한 능력이 나타나면 농사를 지으면 농사도 잘되고, 장사를 하면 장사도 잘되고, 사업을 하면 사업도 잘되는 것입니다. 믿음 그 자체가 눈에 보이지 않지만 큰 기적적인 창조의 힘입니다. 믿음이 여러분 속에 있습니다.

믿음은 꿈을 꾸면 쉽게 생겨납니다. 아브라함이 별들을 바라보고 나니까 믿었다고 했습니다. 그러므로 여러분이 마음속에 원하는 바를 그려 놓고 그것을 항상 바라보십시오. 마음속에 소원하는 것을 꿈으로 바라보면 믿음이 생겨나는 것입니다. "나는 꿈이 안 생기는데요?"라고 말을 하는데, 꿈은 뭐냐면 소원입니다. 소원이 꿈인 것입니다. 어떠한 목표를 뜨겁고 열렬하게 소원하면 꿈으로 변화됩니다. 꿈이 없는 사람은 없습니다. 여러분이 오늘 마음에 소원을 품으면 그 소원이 꿈으로 변화하는 것입니다.

요사이 저에게 편지가 한 통 왔는데 빨리 대답해 달라고 했습니다. 그 편지 내용은 이렇습니다. '제가 굉장히 훌륭한 남자를 발견했습니다. 그래서 그 사람과 결혼하고 싶습니다. 저는 그 사람을 굉장히 사랑하고 좋아하기에, 그 사람도 저에게 관심을 갖고 저에게 매력을 느낄 수 있도록 하고 싶습니다. 목사님께서는 원하는 것을 바라보며 기도하라고 하셨는데, 제가 어떻게 기도해야 하나요?' 그래서 내가 간단하게 답을 보냈습니다. '그분을 위해 간절히 기도하고, 그분을 소원하면 그것이 마음속에서 꿈으로 변화됩니다. 좋은 소식이 있을 거예요.'

소원은 꿈을 그리는 미술가입니다. 뜨거운 소원이 있으면 소원이 여러분 가슴에다 그림을 그립니다. 꿈을 그립니다. 소원을 품으면 꿈이 생기고, 꿈을 가지고 있으면 믿음이 생기고, 믿음이 생기면 주님께서는 "네 믿음대로 될지어다"라고 하시는 거예요. 꿈은 여러분이 상상할 수 없을 만큼 큰 힘을 가지고 있습니다. 여러분이 성경을 읽고 기도하다가 마음속에 소원이 생기면 곧장 소원이 꿈으로 변화되고, 꿈은 믿음을 낳습니다. 믿음이 있어서 또 입술로 창조적인 시인을 하고 다니면 굉장한 인물이 되는 것입니다.

오늘날 기독교를 불교, 유교, 도교, 힌두교와 같이 종교로 생각하는데 기독교는 종교가 아닙니다. 기독교는 새로운 사람을 만들고, 큰 변화를 가져오고, 생명의 역사를 일으키는 '힘'입니다. 기독교는 종교가 아니라 하나님이 힘을 주시고 그 힘을 가슴에서 발생시켜 내가 변화되고, 이웃이 변화되고, 집이 변화되고, 생활이 변화되고, 거대한 변화가 일어나게 하는 것입니다. 그러므로 믿음의 역사가 활발히 일어나기 위해서는 목표를 분명히 하고, 방만하게 정신 산란하게 하지 말아야 합니다. 창세기 15장 5절에 기록한 "그를 이끌고 밖으로 나가 가라사대 하늘을 우러러 뭇별을 셀 수 있나 보라 또 그에게 이르시되 네 자손이 이와 같으리라"는 말씀이 바로 아브라함이 방만하게 하지 않고 하늘의 별들로 자신의 꿈을 고정시킨 것을 말하는 것입니다. 여러분이 소원을 두고 행하면 주님께서 기쁘게 도와주겠다고 말하고 있습니다. 소원을 두면 꿈을 꾸게 되는 것입니다. 그러면 주님께서 축복해 주시는 것입니다.

"너희 안에서 행하시는 이는 하나님이시니 자기의 기쁘신 뜻을 위하여 너희에게 소원을 두고 행하게 하시나니"_빌립보서 2:13

꿈과 환상이라는 것은 마음에 소원이 있을 때 소원이 화가가 되어서 가슴팍에 그림을 그려 놓는 것입니다. 오늘도 여러분 가슴속에 집중적인 소원을 가지고 기도하면 믿음이 생깁니다. 우리가 그

꿈을 보고 계속해서 기도하면 믿음이 계속 마음에 채워지며, 주님께서 "네 믿음대로 될지어다"라고 말씀하시는 것입니다. 희한한 능력이 생겨나는 것입니다. 마음에 떠오르는 꿈을 가지고 믿음이 솟구쳐 올라오면 무슨 일이든지 다 이루어지게 됩니다.

"그가 백 세나 되어 자기 몸이 죽은 것 같고 사라의 태가 죽은 것 같음을 알고도 믿음이 약하여지지 아니하고 믿음이 없어 하나님의 약속을 의심하지 않고 믿음으로 견고하여져서 하나님께 영광을 돌리며 약속하신 그것을 또한 능히 이루실 줄을 확신하였으니"_로마서 4:19-21

그러므로 마음에 소원을 두면 꿈을 바라보게 되고, 꿈을 바라보면 믿음이 생겨나고, 믿음을 입으로 시인하면 기적이 나타나기 시작하는 것입니다. 여러분, 신앙생활에 제발 기적을 체험하십시오. 여러분, 하나님을 만나고 생활하면서 많은 기적이 생겨나야 합니다. 그러면 증거도 뚜렷해지고 믿음도 더 강해지는 것입니다.

인내하며 기도하라

기도는 인내가 있어야 합니다. 불의한 재판관에게 과부가 가서 나의 원수에 대한 원한을 갚아 달라고 할 때, 불의한 재판관은 이 과부의 기도를 무시해 버렸지만, 이 과부가 절대로 포기하지 아니하고 매일같이 이 불의한 재판관 대문 밖에 엎드려서 "내 원수에 대한 원한을 갚아 주소서"라고 하니까 그 재판관이 귀찮아서 견딜 수가 없었습니다. 그는 "내가 정의로운 감정이 있어서 여자의 원한을 풀어줄 것이 아니라 귀찮아 견딜 수가 없어서 원수를 갚아 주겠다"라고 했습니다. 예수님은 "하물며 천부께서 사랑하고 귀하게 여기는 너희가 원한을 갚아 달라고 기도하면 신속히 안 갚아 주겠느냐? 속히 갚아 주실 것이다"라고 말씀하셨습니다눅 18:2-8.

우리는 기도할 때 마귀가 굉장히 저항하므로 마귀의 저항을 이기기 위해서 끝까지 인내해야 합니다. 이스라엘 백성이 포로로 잡혀갔을 때 다니엘이 어떻게 해야 할지 몰라서 하나님 앞에서 기도했는데, 하나님이 다니엘의 기도 응답을 천사에게 빨리 전해 주라고 했습니다. 그런데 천사가 내려오는 중에 공중에 권세 잡은 원수 마귀가 막아서 21일 동안 대치해 있었습니다. 21일 만에 군대장 미가엘이 와서 도와주므로 마귀의 진을 뚫고 하나님의 응답을 가지고 다니엘에게 왔습니다. 여러분의 기도는 공중의 권세 잡은 마귀가 막습니다. 여러분이 기도하는데 곧장 응답이 오지 못하도록 마귀가 막는 것입니다. 그러나 여러분이 인내하면서 계속 기도하면 응답해 주십니다. 다니엘과 같이 21일이 걸리기도 하고, 3년이 걸리기도 합니다. 하지만 우리는 끝까지 기도해야 합니다. 응답을 받을 때까지 기도해야 합니다. 마귀에게 져서는 안 됩니다. 하나님께서는 반드시 우리의 기도를 응답해 주실 것이기 때문에 우리는 뒤로 물러가지 말아야 합니다.

믿음으로 기도하라

여러분, 마음속에 믿음이 생겨나 그 믿음이 마음을 붙잡아 줄 때, 기도해야 하나님의 응답이 다가옵니다. 하나님은 여러분을 도우시길 원하기 때문에 기도할 때 이미 응답받았다고 생각하고 감사하면서 기도해야 하는 것입니다.

"그들이 부르기 전에 내가 응답하겠고 그들이 말을 마치기 전에 내가 들을 것이며"_이사야 65:24

"너희가 내 이름으로 무엇을 구하든지 내가 행하리니 이는 아버지로 하여금 아들로 말미암아 영광을 받으시게 하려 함이라 내 이름으로 무엇이든지 내게 구하면 내가 행하리라"_요한복음 14:13-14

그러므로 여러분이 이제까지 마음의 보화인 믿음을 사용하지 않고 있었습니다.

"그러므로 내가 너희에게 말하노니 무엇이든지 기도하고 구하는 것은 받은 줄로 믿으라 그리하면 너희에게 그대로 되리라"_마가복음 11:24

"믿음이 없이는 하나님을 기쁘시게 하지 못하나니 하나님께 나아가는 자는 반드시 그가 계신 것과 또한 그가 자기를 찾는 자들에게 상 주시는 이심을 믿어야 할지니라"_히브리서 11:6

우리가 하나님 앞에 막힌 담을 헐어 화목하게 되고, 마음속에 말로 다 할 수 없는 믿음이라는 보배가 있는 것을 알고, 그 보배를 통해 긍정적인 생각을 하고, 꿈을 꾸고, 믿고, 입술로 고백하고 나가면 세상에 있는 힘이 아닌 하나님 나라에 있는 힘이 여러분과 연결되어 기적이 일어나게 되는 것입니다. 우리의 삶 속에 도저히 상상할 수 없는 모든 역사가 일어나게 되는 것입니다. 왜냐하면 주님이 우리의 믿음을 통해 따라다니시면서 "네 믿음대로 돼라! 네 믿음대로 돼라!" 말씀하실 것이기 때문입니다. 그러므로 여러분은 희한한 역사가 일어나는 것을 체험할 수 있게 될 것입니다.

기도

　오늘도 우리와 함께하시는 좋으신 아버지 하나님, 우리의 기도를 기쁘게 받으시고, 부르짖어 기도하라고 하시는 주님의 명령에 순종하며 모든 막힌 담을 허물어 주시옵소서. 또한, 분명한 목표를 가지고, 인내하며 기도하고, 믿음으로 나아가길 원합니다. 우리의 기도에 응답해 주시고, 놀라운 기적을 베풀어 주시옵소서. 이 모든 말씀 우리 주 예수 그리스도의 이름으로 기도합니다. 아멘.

요약

1. 하나님과 막힌 담을 허물라

우리의 기도가 응답받기 위해 하나님과 우리 사이의 막힌 담을 허물어야 합니다. 우리는 철저히 회개하여 죄와 잘못의 담을 허물고, 하나님 섬기는 의무를 다하여 하나님과 화목한 관계를 만들어야 합니다.

2. 목표를 분명히 하라

하나님께 응답을 받으려면 기도의 목표가 분명해야 합니다. 원하는 것과 그 목표를 분명히 하고, 그것을 믿음으로 바라보면 꿈과 소원이 됩니다. 기도를 통해 이것을 입술로 고백하면 하나님의 섭리와 기적이 일어나 우리 삶에 큰 복이 임하게 됩니다.

3. 인내하며 기도하라

누가복음 18장에서 말씀한 과부는 불의한 재판관에게 끈질기게 찾아가 억울함을 풀 수 있었습니다. 다니엘은 21일간 포기하지 않고 기도하여 하나님의 응답을 받았습니다. 우리는 하나님의 응답이 올 때까지 포기하지 말고 끝까지 인내하며 기도해야 합니다.

4. 믿음으로 기도하라

믿음은 마음의 보화와 같습니다. 말씀에 의지하여 흔들리지 않는 믿음으로 기도하면 믿음대로 하나님의 역사가 나타나 승리의 삶을 살아갈 수 있습니다.

조용기 목사의

기도

초판 1쇄 발행 2022년 2월 10일

엮은이 (사)영산글로벌미션포럼

발행인 이영훈
편집인 김영석
펴낸곳 교회성장연구소

등 록 제 12-177호
주 소 서울시 영등포구 여의공원로 101 CCMM빌딩 703B호
전 화 02-2036-7936
팩 스 02-2036-7910
홈페이지 **www.pastor21.net**
쇼핑몰 **www.icgbooks.net**

ISBN | 978-89-8304-315-3 04230 / 978-89-8304-328-3 04230(세트)

"무슨 일을 하든지 마음을 다하여 주께 하듯 하라" 골 3:23

교회성장연구소는 한국 모든 교회가 건강한 교회성장을 이루어 하나님 나라에 영광을 돌리는 일꾼으로 성장하는 것을 목표로, 목회자의 사역은 물론 성도들의 영적 성장을 도울 수 있는 필독서를 출간하고 있다. 주를 섬기는 사명감을 바탕으로 모든 사역의 시작과 끝을 기도로 임하며 사람 중심이 아닌 하나님 중심으로 경영한다. "무슨 일을 하든지 마음을 다하여 주께 하듯 하라"는 말씀을 늘 마음에 새겨 하나님께서 주신 사명을 기쁨으로 감당한다.